私募操盘私房菜丛书

# 形态与趋势

## 投资中的择时与择势

成铁智　著

企业管理出版社
ENTERPRISE MANAGEMENT PUBLISHING HOUSE

**图书在版编目（CIP）数据**

形态与趋势：投资中的择时与择势 / 成铁智著 . —北京：企业管理出版社，2019.2（2023.3 重印）

ISBN 978-7-5164-1885-7

Ⅰ. ①形… Ⅱ. ①成… Ⅲ. ①金融投资—通俗读物 Ⅳ. ① F830.59-49

中国版本图书馆CIP数据核字（2019）第014332号

**书　　名：** 形态与趋势：投资中的择时与择势

**作　　者：** 成铁智

**责任编辑：** 李　坚

**书　　号：** ISBN 978-7-5164-1885-7

**出版发行：** 企业管理出版社

**地　　址：** 北京市海淀区紫竹院南路17号　　　邮编：100048

**网　　址：** http：//www.emph.cn

**电　　话：** 总编室（010）68701719　发行部（010）68701816　编辑部（010）68414643

**电子信箱：** qiguan1961@163.com

**印　　刷：** 北京明恒达印务有限公司

**经　　销：** 新华书店

**规　　格：** 170毫米×230毫米　16开本　12.5印张　132千字

**版　　次：** 2019年2月第1版　2023年3月第2次印刷

**定　　价：** 42.00元

# /自序/PREFACE

有朋友问："炒股的最高境界是什么？"

我们借用开悟先哲的一句话"心即念，念即心"改编为"心即股，股即心，心外无股，股外无心"来概括炒股的最高境界。要能有察股之秋毫的本事，股亦友，不在乎求多和滥，知己贵乎精，要暗合自心之道妙。仁者乐山，智者乐水，什么股是你能把控的，什么股的钱再好赚也不是你能挣的，有人归之为运气，其实这就是道妙的玄机。我常劝有些友人要学习经典，尤其是管理者、企业家，要具有超前决策的智慧，你得在千里马还是小马或野马时就能发现和培养他，你更应在小天鹅还是丑小鸭时就呵护她，有了智慧就会有人才，得人才者得天下。现在人普遍缺的就是这一种"凡事预则立，不预则废，而况无预乎？"的能力，炒股尤以为然！

交易是一门技术，更是一门艺术。要经常看图，多向市场学习，操千曲而后晓声，观千剑而后识器。一定要多练习多琢磨，想想上涨是如何形成的，是什么形态和趋势线的组合，下跌是什么趋势、形态的规律，有很多规律的东西，要多学多总结，做到心中有数。历史往往会重演，见过不慌，心态也才能平稳，时机一旦出现，才能抓住机遇。

K线的阴阳变化、阴阳组合形态等从中国几千年前周易中可以找到阐述，西方股市经典江恩理论也可以用河图洛书、易经术数给以更详细的诠释；老子《道德经》讲：道生一，一生二，二生三，三生万物（趋势可上可下、可长可短，变化多样），描述出了波浪的N字形走势基础形态。道的永恒及其运动法则——独立不改，周行不殆，反者道之动（物极则反）；天下万物生于有，有生于无；曲则全，枉则直；将欲弱之，必固强之；物极必反，势强必弱，盛极而衰等运动变化的规律，同时也可以用来观察股市现象。又如《左传·庄公十年·曹刿论战》记载：一鼓作气，再而衰，三而竭。这就是对波浪理论最好的概述。

交易技术是永无止境的科学，也是不完美的艺术。要提纲挈领，感悟其中精髓。规律是客观存在的，不以人的意志为转移的，不是谁能创造发明的，如牛顿从苹果掉下来发现万有引力，万有引力本身早就存在着，牛顿是有心人，发现了它而已。规律同样也是已经有了的，只是看你能不能发现它。只有不断思考观察实践，做个有心人，这样你才容易发现规律。规律的确定性一旦被你掌握，再经过反复演练，功夫不负有心人，最终你一定会成为胜者。

炒股也有不二法门，功课做的不够，悟性不够，就会踏不准节奏，该捂时捂不住，该出手时不出手。过分依赖西方的KDJ、RSI、MACD、BOLL、背离、封单量、周月季线、形态、波段等等，都不确定性较大，往往指标发生后，如渴而掘井、斗而铸锥，为之晚矣，要不怎么说基金经理们也都成了大散户，就是这个道理。

技术指标在摆布你，是指标转你，不是你转指标，而中国文化是反观自我，内视自心，就如慧能大师讲的：一切福田，不离方寸，从心中求，感无不通！智慧的开启，是贪心等欲的戒除，是平常心的坚持，要有自身的修养，不是靠他人之手摆布，这样才能大彻大悟，感应道交，与市场趋势相应。

天气预报能预报出一个星期就了不起了，半个月有很大难度，几个月后的天气都不敢想，中国古文化预测十年后、二十年后的天气都没问题，这就是它的不可思议之处，农谚有："不行春风，难得秋雨"之说，春天能推算秋天的天气，春天是卯，秋天是酉，卯酉就是一个太极系统。

中医有个案例：华佗预言陈登（他和曹操关系非常密切）三年以后病必复发，会死，果然陈登三年后病发死了，这件事对曹操影响很大。还有个案例："建安七子"中的王粲（公元200年左右的事）和医圣张仲景交往密切，张仲景预言这个二十几岁才子隐藏厉害病源，建议要早治疗，否则四十岁眉毛会脱落，半年后会死，从现在就喝五石汤才可以挽救，王粲听了不高兴更不会喝，他认为自己没病。二十年后，四十岁这年他果然先掉眉毛，然后吃什么药都不起作用，无法挽救死了。

如果10年前告诉你贵州茅台投资3个亿将来能涨到30亿，你信吗？但从2018年的情况来看：这的确是事实。1996年买入格力电器，到2018年涨了1800倍，这也是事实。

炒股就是一种修行，就是人的自我完善和修炼，如果你还有分别，认为两者是不同的，各是各，那就是“不识庐山真面目，只缘身在此山中”了。

有人觉得为什么该我得的财我就是得不到？如有个股友在中信证券4.5元时买的，涨到110多没卖，后来又坐了电梯回来了。曾经纸上富贵过，为什么我老是坐电梯、坐过山车？这就要智慧，智慧改变命运，总结出结果来了，你可以提前准备，有的人掌握了很多知识，但没有智慧，还是赚不了大钱的，关键是看你的心性。有时没钱还没灾，一有钱，不可一世，灾就来了，甚至人还死了，这样的例子有很多。提升自性最重要，有求，是从心中求，感无不通，是心性的问题，求要有方法，否则天天胡思乱想也没用，你的发心是什么？炒股赚了能济贫吗？还是你终日享乐，糟蹋自己？舍得，先舍后得，让你舍点，那个难啊！这只能证明你没智慧，不知大道，不知道培植福报。比如抽烟，抽烟也要分人，他人抽没事，你抽得肺癌，你不愿信？你觉悟吗？觉悟了，有智慧了，你就改了，结果命运就会改变了。现在很多人只是追求财色名利，他不知道人生的生命曲线有高有低，有盛有衰，盛时天也欺，欺负老天爷，不可一世！衰时不知是何原因？万事万物由盛到衰，品种不同，有的相对长些，有的昙花一现，但不管如何，不能证悟，对内不了解自己，对外不了解大势，懵懵懂懂，枉此一生。

止心能生智慧，《大学》中有这样的话：“知止而后有定，定而后能静，静而后能安，安而后能虑，虑而后能得。”道家讲无为而无不为。烦恼、痛苦如雁影过寒潭，不留一丝在心中。如水上做画，现画现消，一切都是心态、是打开智慧征服自心。止心、静心是其实就是真心、空心，你比方这桌子，有人说桌子的本性是木头，木头是什么，我们来分析分析：一颗种子，在阳光、水、土壤等作用下成了大树，树木做成桌子，所以桌子的本质是空性，是缘和之物。有一种酒在中央台做广告：做大事，要有缘。其实是做任何事，都要有缘，空性产生妙有，比如房子空了才能放家具，市场出利空后才能孕育着上涨，市场本性还是空，但假象不空，所以我们洞察市场等一切缘和之物，要统考天时、地利、人和，外在、内部等所有因缘都要了解。既要知道它的本性，又不忽视它的表象！不可拘泥，不可偏执。有人认为自己看了多少多少书，指标多么烂熟于心，但还是在亏钱，或最终血本无归，这说明他还有盲点，比如是不是缺乏纪律性？性格弱点没克服、心态不好等等，若我们的思想是靠世智辩聪，是一些小聪明，学得越多反而越成了知识障，反而还有害，功夫在诗外、在盘外，市场证明你错了，你不改就不行，人不觉悟不行，觉悟才能生大智慧。

一阴一阳谓之道，股票K线图中阳阴变化就是股之道，人道通股道，人道通了，股道也就通了。

交易要求修养、纪律、策略和技术，缺一不可。策略和技术是基础，直接决定每笔交易的盈亏；纪律使得盈亏有着一致的统计规律性；而修养是能否最终成功的关键。金融市场是最好的历练，浓缩了人生，更尽显了人性。生存下来的人，拥有远比其他行业从业者更多的优点，更少的缺点和更深的人生感悟。市场是人生的缩影。以交易为生就注定了一生的不平淡。再好的理念，再好的方法只要不适合自己，对自己来说，就是最不好的。

心理学上，期望的东西一般不会出现，而担心的东西却往往成为现实。交易本就简单，技术人人都会，输赢皆由心性高低决定。极度紧张痛苦到极度放松超脱，来回往复，最终凝结成涅槃似的安详和平和，那是内心世界无法言传的精神满足。修身养性，感恩生活，才是市场为交易者带来的最大财富。

# /目录/CONTENTS

## 1 自然原理驱动的交易之道

## 2 形态为趋势之母



## 3 经典形态理论

## 4 形态战法四种



## 5 形态揭示主力运作动向

## 6 形态在实战交易中的运用

## 7 投资盈利密码——战略篇

## 9 投资盈利密码——心态篇



## 附录 市场中的不可抗力

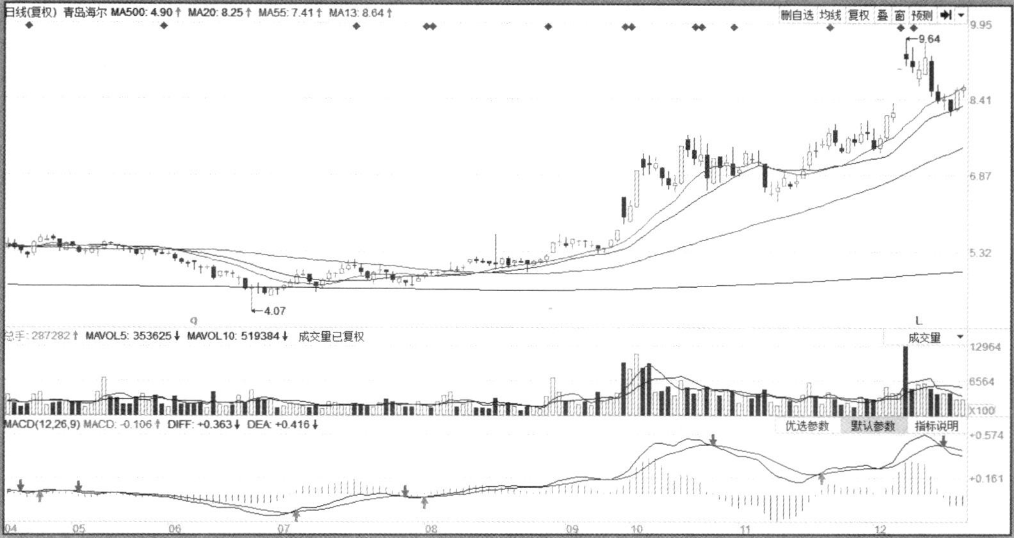


1

# 自然原理驱动的交易之道

## 价格往往不等于价值

要想在交易中生存下来，既要研究基本面，懂技术面，还要研究心理波动、行为金融学等哲学面。

行为金融学将心理学、行为科学、社会学、政治学等理论融入金融学，研究发现，人在不确定条件下的决策过程中并不是完全理性的，会受到过度自信、框定依赖、锚定和调整、损失规避等信念影响，出现系统性认知偏差。对于投资而言，行为金融学很重要的研究之一，就是关注真真切切的投资者，让投资者不但意识到金融市场的复杂，也意识到自己的天真和局限。行为金融学这个新兴的交叉学科，掀起了金融领域的一场革命，2013 年，创始人罗伯特·希勒获得了诺贝尔经济学奖。

传统理性学派认为，价格永远等于价值，价格永远是正确的。行为金融学认为，人是非理性的，由人参与的市场定价往往是错误的，价格往往不等于价值，因此不光需要用基本面解释股价的波动，也要用心理学解释股价的波动。传统金融学的理性理论认为，个人和机构投资者都是理性和智慧的，掌握着充分的市场信息，可以像金融学教科书那样完成投资行为。这意味着，很难出现市场跟风、泡沫甚至崩盘。但无数次事实证明，恰恰是投资者的狂热，促成了人类金融史上一次又一次荒谬可笑的泡沫；也正是投资者的惊恐和绝望，自己吹大的泡沫一个接一个破灭，给全球金融体系造成许多难以磨灭的伤痕。

只研究基本面，不通过研究心理波动来做择时风控，这就像是一个球队只懂进攻，不会防守。研究心理波动的择时模型，提前嗅到市场风险，才能在大盘杀跌之前提前防御。

中国市场更加不理性，行为金融学在中国大有用武之地。中国的资本市场离成熟市场还有相当的路要走。美国的股市就像一片汪洋大海，这个市场是开放的，全球资金可以流进流出，它的估值就像是海水的高度，很稳定。估值过低，全球资金就涌入填补洼地；估值太高，全球资金则流出规避风险。而相较之下的中国股市，则像是一池湖水，容量有限。当市场情绪高涨，好似暴雨后湖水暴涨，没有泄洪机制，导致估值暴涨；当市场情绪低落，又像是水位干枯，国际资金不能大举进入，中国投资者也没有价值投资的传统，往往是越跌越卖，所以市场估值波动特别剧烈。

游资在中国市场的影响力特别大，在中国打涨停板可以把一个没有基本面的股票翻到 10 倍，在美国绝对发生不了，游资风格是中国特殊土壤造就的现象。就像索罗斯狙击英镑一样，其本质都是金融攻击。游资把索罗斯的这套战法运用到中国，但截然相反的是，索罗斯是把泡沫“戳破”，而游资则是把本来几乎合理的低价股打出“泡沫化”。在中国做投资，只关注基本面而忽视市场波动的来源，并不是一种合适的投资方法。一定要对由于心理等波动导致估值波动的趋势，进行把握和预测，这就是行为金融学的用武之地。

阴阳K线的对立、消长与转化

证券走势是以阴阳K线图组成的形态。中国易经哲学最早对阴阳展开论述，阴阳学说认为一切事物都有着相互对立的阴、阳两个方面，如上与下、天与地、动与静、升与降等等，其中上属阳、下属阴；天为阳、地为阴；动为阳、静为阴；升属阳、降属阴。K线亦然。

阳能量大的K线：

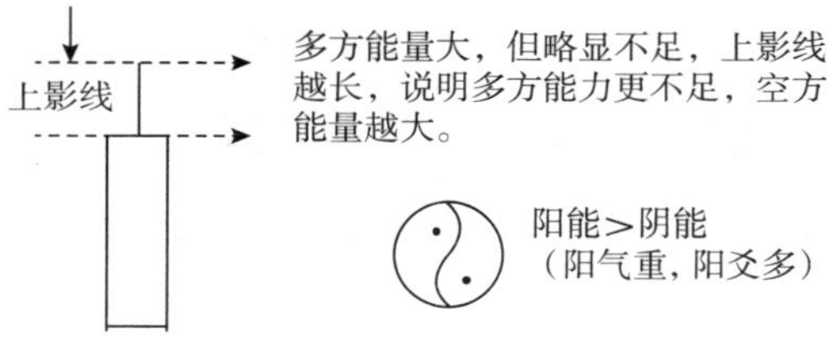


阴能量大的K线：

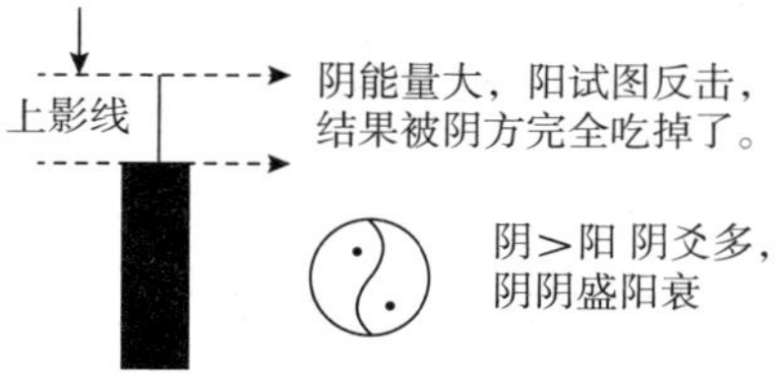


阴阳平衡K线：

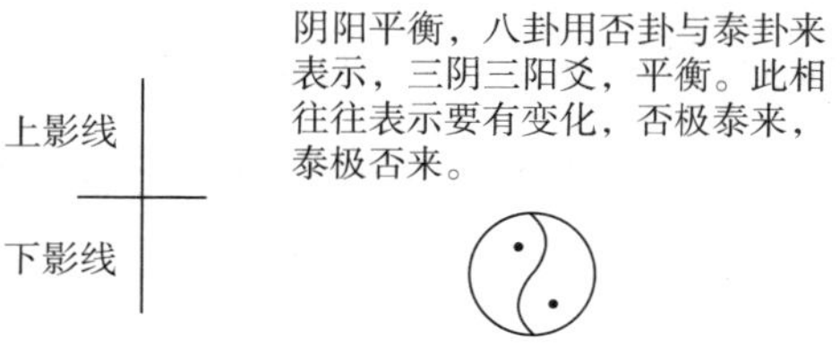

阴阳平衡趋势线：

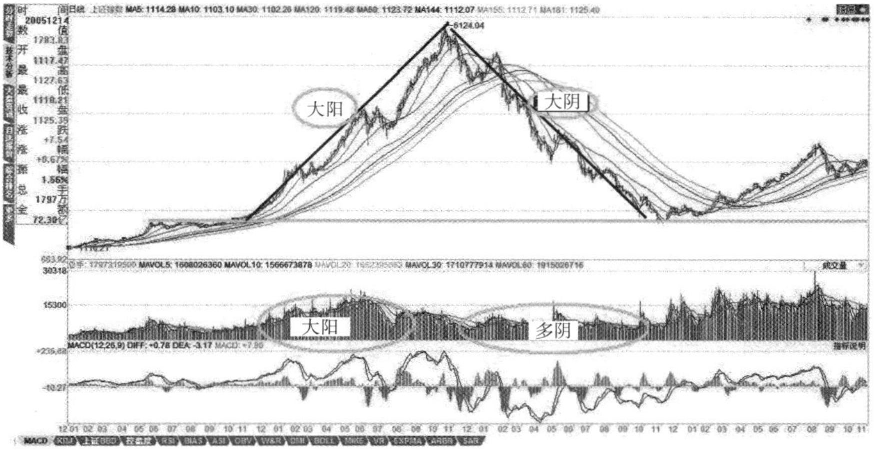


成交量方面上升量大于下跌量。

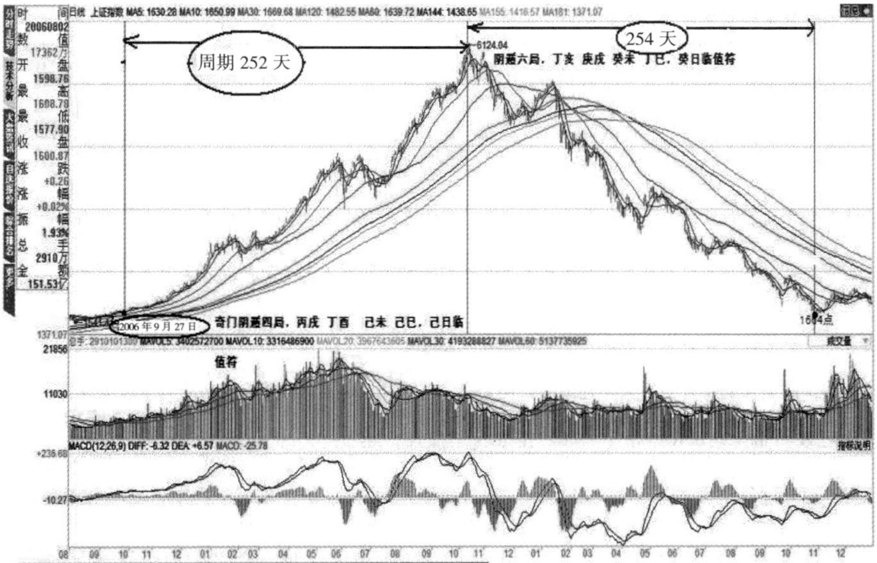


**252 ≈ 254 上升下跌，阴阳平衡**

周易的思维模式阴阳转化，用在计算机程序化上是最能体现出的，交易程序化就是《易经》思维模式的表示，只要修正好指标参数，一般情况下可以不清仓，即平仓就意味着翻仓，平仓就是反手，多空转化，周而复始。

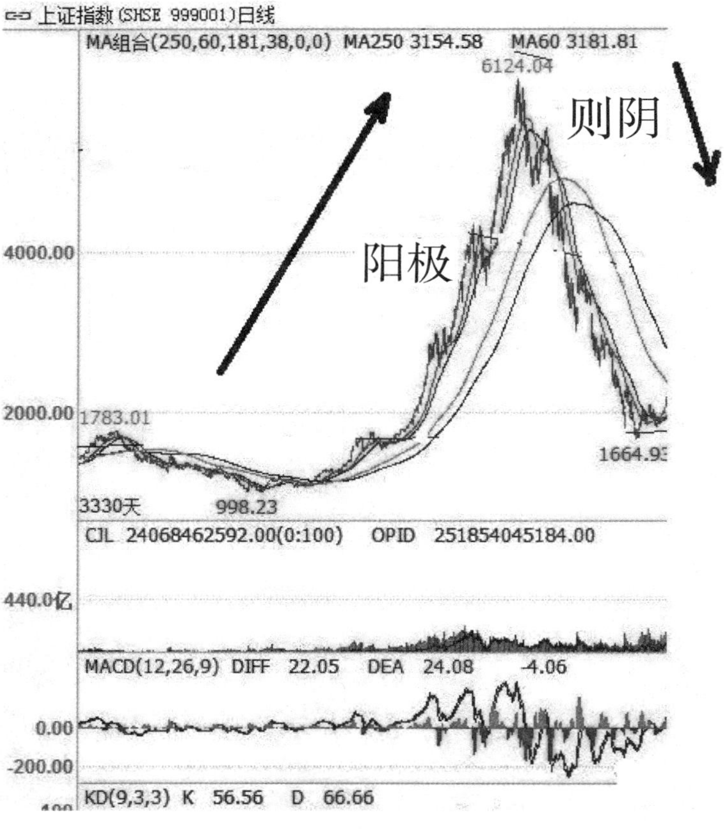


一阴一阳谓之道，一阴一阳谓之太极，一阴一阳谓之易。易者，百姓日用而不知。阴阳虽备于《内经》，变化莫大乎《周易》。

K 线 1+1 阴阳对称：大宇宙＋小宇宙（在原本正常的一个大或小宇宙之上又加了一个异样小或大宇宙），指的是象的组合，即阴阳变化所处的状态，阴阳消长导致象的改变。

如下图：

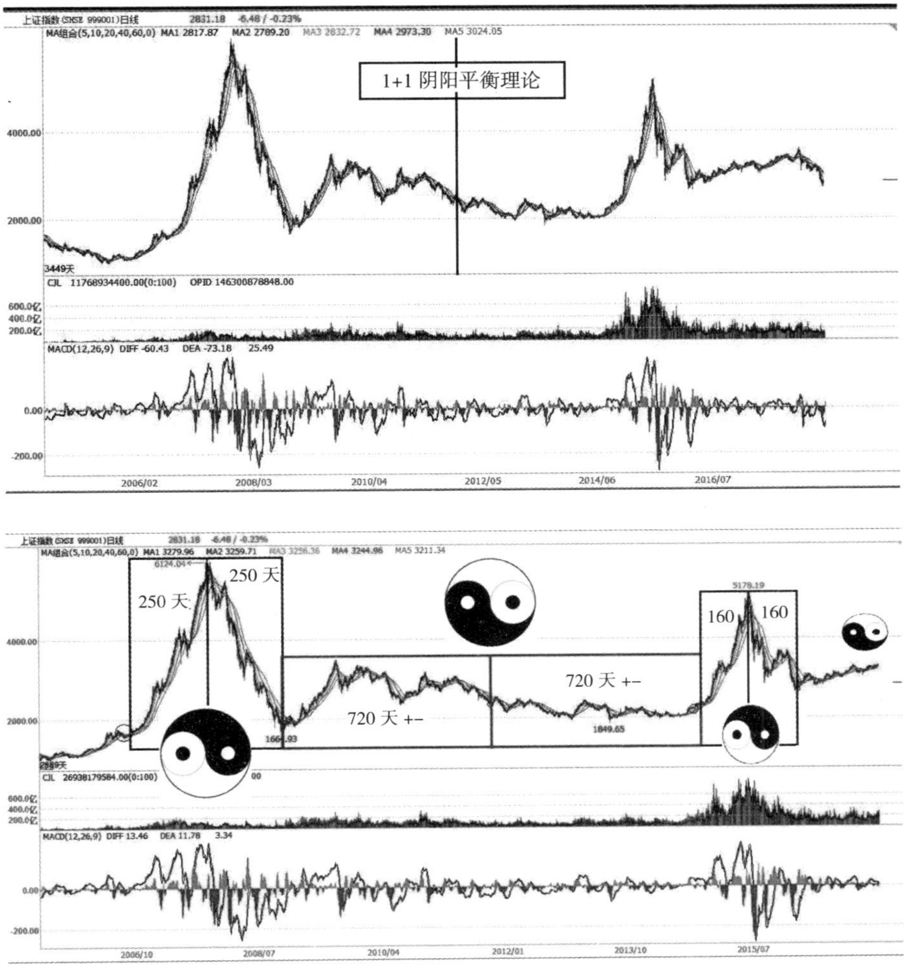


**阴阳术数平衡图一（上证指数图 2005 年～ 2018 年）**

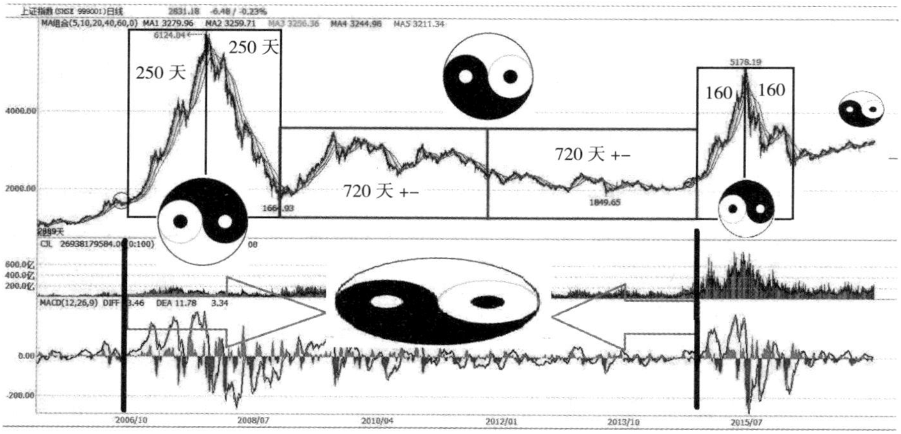


阴阳术数平衡图二（上证指数图 2005 年 ~ 2018 年）

《易经》演变理论暗合市场牛熊周期

《易经》中的 64 卦象正好暗合了市场从牛市到熊市的一个完整的循环。例如《乾》卦由“潜龙勿用”到“亢龙有悔”的发展过程，象征的便是“一个人或者一个市场”由隐到显、由穷到达的生命历程。春夏秋冬，生住异灭。“执两用中，以中正为贵”，这就告诉我们，做人处事不偏不倚，追求适中与合度，任何的“过度”或“不及”，都无法保持事物的完美状态。在投资市场上就要求我们做投资不可以激进也不可以保守，居于中正的位置才是最有利和安全的位置。

正如邓普顿所言：行情总在绝望中诞生，在半信半疑中成长，在憧憬中成熟，在希望中毁灭。

## K线阴阳变化即是卦相

K线图由阴阳线组成，卦相也是由阴阳线组成。太阳为阳，月亮为阴；男人为阳，女人为阴；热为阳，寒为阴；表为阳，里为阴；上为阳，下为阴；实为阳，虚为阴。阴阳者，数之可十，推之可百，数之可千，推之可万。万之大，不可胜数，然其要也，阴阳平衡而已，所以它们之间一定是相互关联的，研究K线就得研究卦相，八卦、奇门等预测就是揭秘市场的最最有效的工具。关键看你领悟的有多深，能否掌握这门技术。市场一般技术要求是判断股票有庄家了才介入的。而易经的预测性是测此股一定会有庄家介入兴风作浪而提前杀入布局，还先庄家一步，具有前瞻性。

乾－阳阳阳阳阳阳；泰－阳阳阳阴阴阴；

大壮－阳阳阳阳阴阴；　小畜－阳阳阳阴阳阳；

需－阳阳阳阴阳阴；大有－阳阳阳阳阴阳；

大畜－阳阳阳阴阴阳；夬－阳阳阳阳阳阴；

坤－阴阴阴阴阴阴；否－阴阴阴阳阳阳；

豫－阴阴阴阳阴阴；观－阴阴阴阴阳阴；

比－阴阴阴阴阳阴；晋－阴阴阴阳阴阳；

剥－阴阴阴阴阴阳；萃－阴阴阴阳阳阴；

震－阳阴阴阳阴阴；无妄－阳阴阴阳阳阳；

复－阳阴阴阴阴阴；益－阳阴阴阴阳阳；

屯－阳阴阴阴阳阴；噬嗑－阳阴阴阳阴阳；

颐－阳阴阴阴阴阳；随－阳阴阴阳阳阴；

巽－阴阳阳阴阳阳；姤－阴阳阳阳阳阳；

升－阴阳阳阴阴阴；恒－阴阳阳阳阴阴；

井－阴阳阳阴阳阴；鼎－阴阳阳阳阴阳；

蛊－阴阳阳阴阴阳；大过－阴阳阳阳阳阴；

坎－阴阳阴阴阳阴；讼－阴阳阴阳阳阳；

师－阴阳阴阴阴阴；解－阴阳阴阳阴阴；

涣－阴阳阴阴阳阳；未济－阴阳阴阳阴阳；

蒙－阴阳阴阴阴阳；困－阴阳阴阳阳阴；

离－阳阴阳阳阴阳；同人－阳阴阳阳阳阳；

明夷－阳阴阳阴阴阴；丰－阳阴阳阳阴阴；

家人－阳阴阳阴阳阳； 既济－阳阴阳阴阳阴；

贲－阳阴阳阴阴阳；革－阳阴阳阳阳阴；

艮－阴阴阳阴阴阳；遯－阴阴阳阳阳阳；

谦－阴阴阳阴阴阴；小过－阴阴阳阳阴阴；

渐－阴阴阳阴阳阳；蹇－阴阴阳阴阳阴；

旅－阴阴阳阳阴阳；咸－阴阴阳阳阳阴；

兑－阳阳阴阳阳阴；履－阳阳阴阳阳阳；

临－阳阳阴阴阴阴；归妹－阳阳阴阳阴阴；

中孚－阳阳阴阴阳阳；节－阳阳阴阴阳阴；

睽－阳阳阴阳阴阳；损－阳阳阴阴阴阳。

K 线变化根源于易经

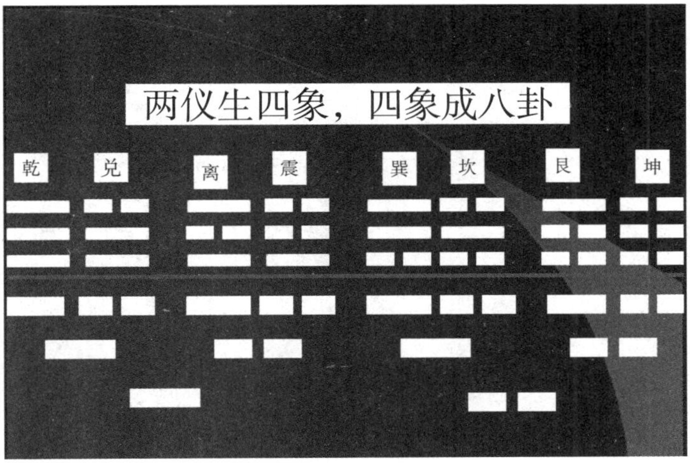


两仪生四象，四象成八卦。

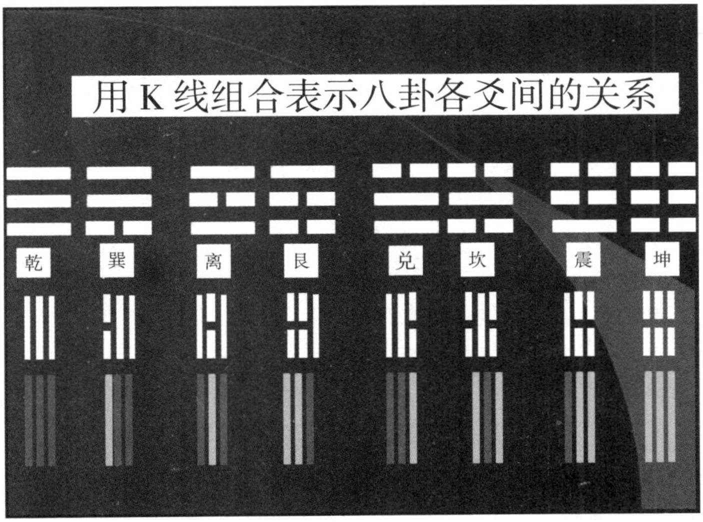


用 K 线组合表示八卦（单卦）各爻间的关系。

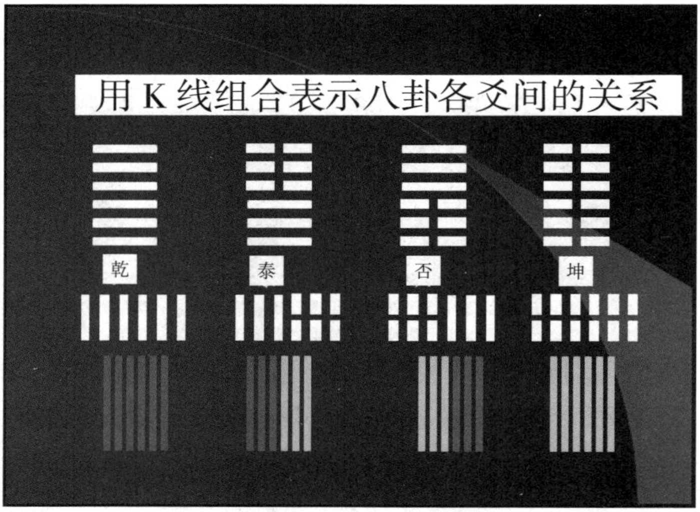


用K线组合表示八卦（复卦）各爻间的关系。

乾卦K线中举例：

坤卦 K 线中举例：

K 线阴阳消长蕴含股票能量转换密码

“阳往则阴来，阴往则阳来，一升一降，无有穷已。”在这升降运动中，阴阳比和，阳往则阴来，阴往则阳来的变化规律可通过十二消息卦来反应，十二消息卦即复、临、泰、大壮、夬、乾，姤、遁、否、观、剥、坤。

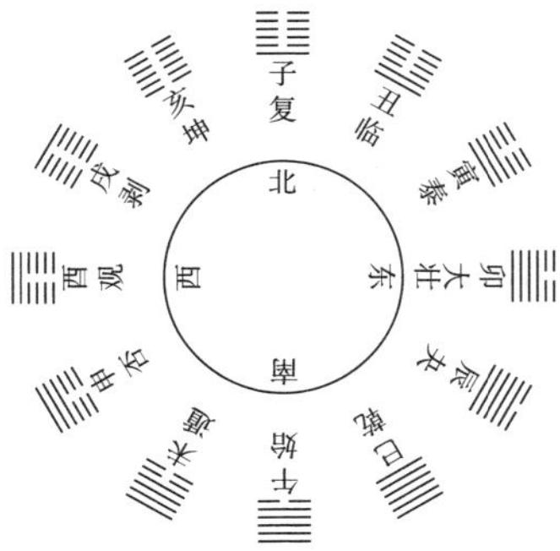


**十二消息图**

《复》一阳，《临》二阳，《泰》三阳，《大壮》四阳，《夬》五阳，《乾》六阳，《姤》一阴，《遯》二阴，《否》三阴，《观》四阴，《剥》五阴，《坤》六阴。配于十二月，可形象表明一年四季的阴阳消长过程。这就是最初流行于西汉的“十二消息卦气图”。复卦代表阳气初生的十一月或子时；临卦代表十二月或丑时；坤卦代表十月或亥时……如果把它们按顺序排列出来进行观察，其中阴阳爻的此消彼长，代表气候中的阴阳二气的变化。十二消息卦，阳息阴消，阴息阳消，一消一息，一升一降，往来无尽，循环无穷。

每个年、月、日、时都有一个消息卦所主。

如酉月（阴历八月，即阳历 9 月 8 日—10 月 10 日），消息卦为《风地观》，阴能在不断的变大，阳能在不断的缩小，在数为巽风 5、坤地 8 之数，这个月为基数对应八卦螺旋 5、8 对应的组数，酉月走势玄机多在八卦螺旋巽、坤组数内。

如 2009 年 8 月 5 日的 3478 点调整到 2639 点用了 21 天，2639 点回升到 3049 为 13 天，都是具有巽卦属性⑤对应组数（下图），一查便知。

2014 年 3 月 12 日 ~ 4 月 10 日周期数 21 天，年内低点 1974.38 开始一波反弹。具有巽卦属性⑤对应组数（下图），一查便知。巽卦主反复，巽卦系辞有利股市三倍之说，预示后市有利。

2014 年 2 月 20 日 ~ 3 月 12 日周期数 15 天，具有艮卦属性⑦对应组数（下图），一查便知。艮卦为止，此处 2 月 20 日的 2177.98 点位的压力点大，果然，随后股市冲高几次都没有突破此点位。压力到底有多大，冲几次能过，还要结合卦在年、月、日的生克制化，旺相休囚等来断。

具有乾卦属性　　具有巽卦属性

…57 49 41 33 25 17 9 ① ⑤ 13 21 29 37 45 53 61…

具有兑卦属性　　具有坎卦属性

…58 50 42 34 26 18 10 ② ⑥ 14 22 30 38 46 54 62…

具有离卦属性　　具有艮卦属性

…59 51 43 35 27 19 11 ③ ⑦ 15 23 31 39 47 55 63…

具有震卦属性　　具有坤卦属性

…60 52 44 36 28 20 12 ④ ⑧ 16 24 32 40 48 56 64…

注：以上每一组数字都代表一个家族，代表一个卦。

## 时空变化能量规律对市场的影响

将一个月中月亮的盈亏——晦、朔、弦、望四个阶段分为六节：三日、八日、十五、十六日、二十三日、三十日，这六节的月象恰好与八卦中的六个卦——震、兑、乾、巽、艮、坤的卦象相吻合。震为一阳始生之象，相当于初三上弦月象；兑为二阳之象，相当于初八上弦月象；乾三爻皆阳，表示十五满月（望）之象；巽为一阴萌生之象，表示十六日之月象；艮为二阴之象，表示二十三日之下弦月象；坤三爻皆阴，表示三十日（晦）月象。

股票涨跌与人的情绪有很大关联，天人合一，人往往受时空的影响。《黄帝内经》有：“年之所加，气之成盛，虚实之所起。”故因人、因时、因地不同，要辨证论治。从时间上来说，人人都有生物钟，每个人的生物钟又不同，生物钟打破了人就不舒服，我们要去发掘大众的和自己的情绪指数，四柱八字中就能很清晰准确的反映出来。

女子月经受潮水涨落、月亮圆缺的影响，月经前一段雌激素渐多，阴性成分重，主静、质重、运动慢、肢重、人困；月经后一段雌激素渐少，阳偏高，主动、质轻、运动快、身轻、灵动、兴奋性高。共同环境下，比如学校同寝室的女生，月经周期会渐渐靠拢，阴阳周期会慢慢趋于一致。在股票市场往往也有趋同性，各板块轮番上涨时，意味着大盘朝着牛市开始，相反，熊市开始。

人体阳气的一天变化规律，在白天运行于外，推动着人体的各种机能活动，早晨阳气初生，寅卯辰（3 ~ 9 时）三时辰为木为春，中午阳气最盛，巳午未（9 ~ 15 时）三时辰为夏为火，下午阳气收敛，申酉戌（15 ~ 21 时）三时辰为金为秋，晚上阳气内藏，亥子丑（21 ~ 3 时）三时辰为水为冬。

地震对股指的影响：

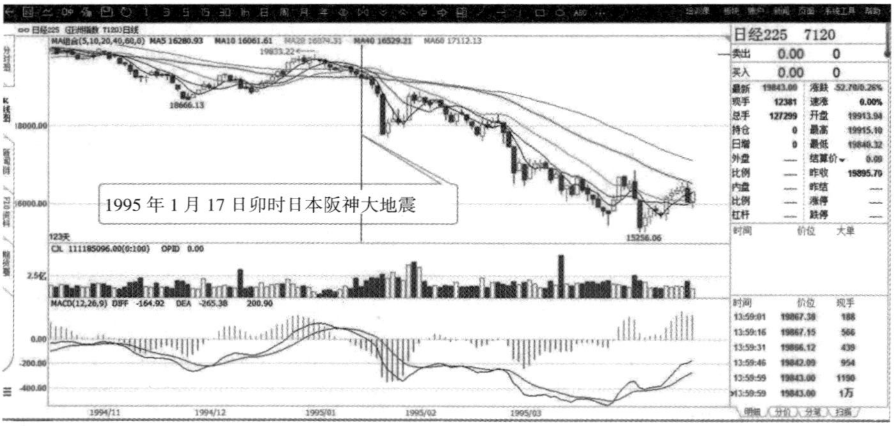


**1995 年阪神大地震日经 225 走势图**

阪神地震后，日经指数市场一直下跌。

汶川地震后，上证指数一路下跌，一直跌到 1664 点底部。

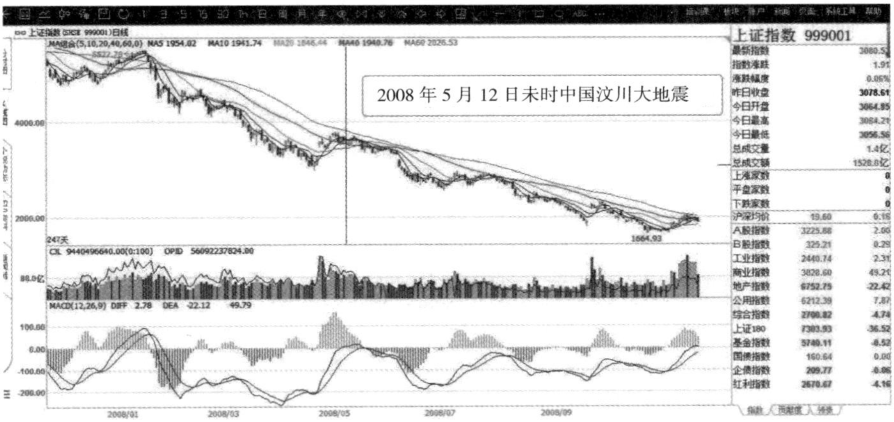


**2008 年汶川大地震上证指数走势图**

天文大潮对市场影响：

太阳和月亮引潮合力的最大时期（即朔和望时）之潮。由于海洋的滞后作用，海潮的天文大潮一般在朔日（农历三十）和望日（农历十四）之后一天半左右，即农历的初二、初三和十七、十八日左右。朔、望如遇月近地点，其引起的潮汐振幅则更大。

初一、十五对人的影响：

由于天文大潮和农历的初一、十五是太阳和月亮的引潮合力的最大时期，所以这个时候，人类情绪同样会受到这种引力影响，引申到生理上，这个时期是妇女排卵高峰期和男性的冲动期，由于这些生理上的冲动，常导致人们做出一些平时不太原意做的事情。部分生理不协调的人甚至会做出一些非常出格的举动。

正是这种人类生理上的变化，导致人类在这个阶段思维极度活跃或者忧郁，比较形象的如只要你翻阅一下上证指数的历史，就会发现在农历初一、十五（特别是潮汐密集期），常出现单日的最大跌幅、涨幅或者重要的转折点。

周期数之金星、木星、水星、火星、地球公转数

地球公转周期为 365.24 天，对应神奇数约 377。

金星公转周期是 224.7 天，对应神奇数约 233。

木星公转周期是 142 月，对应神奇数约 144。

水星公转周期是 87.9 天，对应神奇数约 89。

火星公转周期是 22.57 月，对应神奇数约 21。

从各大行星周期可以看出以下黄金比率关系：

①金星周期约是地球周期的 0.618。

②水星周期约为金星周期的 0.382。

③火星周期约为木星周期的 6.18 倍。

股市里可以应用周期理论，时间周期中最有价值的周期就是地球自转，以及月球对地球、地球对太阳的公转。

360 度的圆是其中最关键的周期。地球自转 360 度是 24 小时。最小自转一度是 4 分钟。月球公转一周是 1 个月，地球公转一周是 1 年。

周期分为中、长、短。

360×4 分钟 =1 天，360 天是 1 年，360 个月是 30 年，最长是 60 年，90 年，以及所有三分之一和四分之一的倍数的年份。如 22.5 年、15 年、10 年、7.5 年，其中最小的长周期是 7.5 年（90 个月）。

比如中国股市 1994 年 7 月 377 点达到最低点到 2001 年 7 月 2245 点、2007 年 11 月 6124 点、2015 年 6 月 5178 点（以上误差 ±2）达到最高点，经过 7 年、13 年、21 年时间。

## 二十四节气与江恩角度线

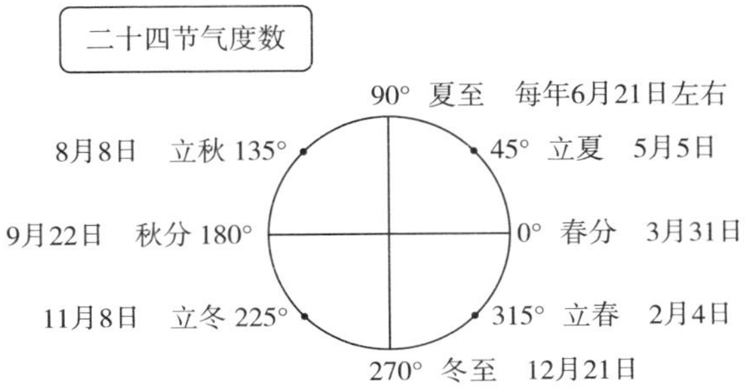


其实，江恩角度线就是一年的节气。而神奇的数字是市场日子。如下图、农历天数与度数图。

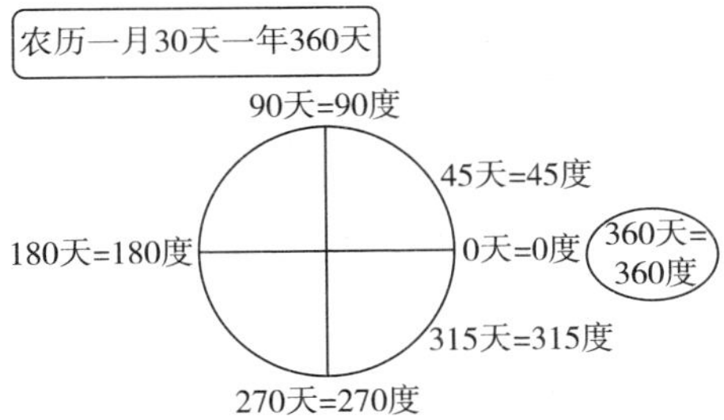


如下图、农历天数与度数图（30 度分法）

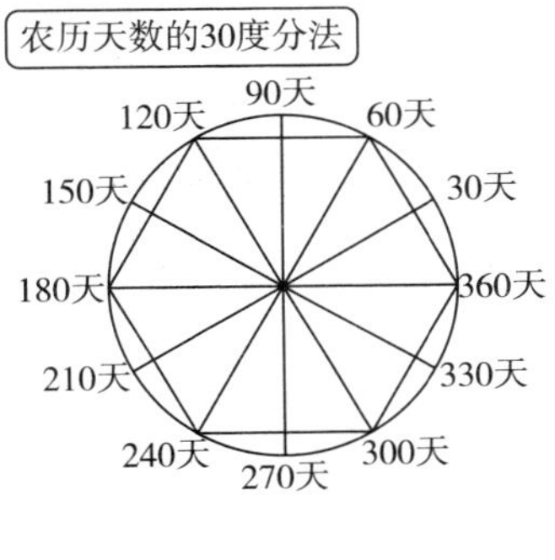

节气四分法与顶或底重点位四分法

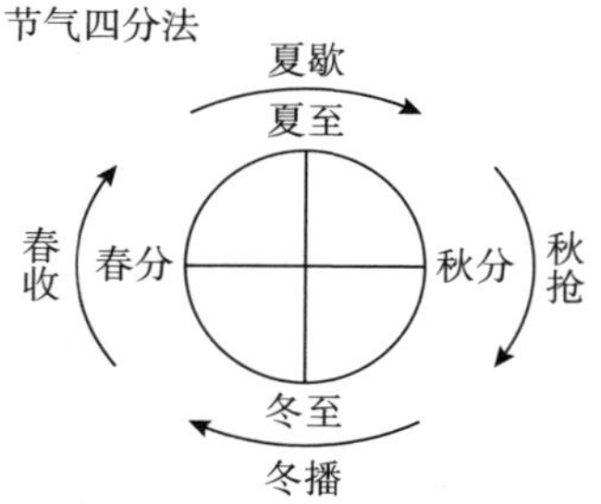


大多数人总是将“春生、夏长、秋收、冬藏”的自然规律套用到股市运作，但每每失败。十多年总结出中国股市的“春升、夏不涨、秋割、冬套”的规律。不管牛市熊市，每年春天的股市都是涨的，但由于中国人喜欢大跃进，春升时将本该夏天的涨势一并完成，再加上每年夏天管理层突击大扩容，造成供求失衡。因此，20年股市的夏天总是天大热、人流大汗，但股指却没的涨、甚至一夜跌回“5.1”前的账面。正因为此，总结出了“冬播、春收（6月前）、夏歇、秋抢”的八字方针，似乎依然有效。

易数与比尔·威廉姆（一致性获利法）

一致获利的意思是将诸多的量化指标技术统一，形成一套专业且唯一的参考指标，根据唯一量化指标的判断技术来进行获利的方法。现在的一致性获利普遍指以艾略特波浪理论作为根本的结构而演化出的混沌理论。

指标之王的比尔·威廉姆操作法：MACD公认的指标之王，基本所有的盘面都是默认指标，要发现细微的变化，当然每个指标都会一定的正确率，这个指标只要稍微改动下，你会发现是一个多么神奇的指标了。

国内 MACD 常见参数是 12、26、9，双线红绿柱交替变化，在国外基本都是单线柱状峰值变化，若在参数结合易经术数的变化，就可以神奇的捕捉到浪型的变化，三浪逃顶，四浪抄底，五浪结束。

波浪理论的推动浪，浪形为 5（1、2、3、4、5），调整浪的浪型为 3（a\b\c），合起来为 8。若把波浪细化，大的推动浪有可分为 1、3、5 浪为推动，2、4 为调整。a、c 为推动，b 为调整。这样大的推动浪为 5+3+5+3+5=21，调整浪为 5+3+5=13，合起来为 34。若再进行更详细的浪形划分，大的推动浪为 21+13+21+13+21=89，调整浪为 21+13+21=55，合起来为 144。所以，波浪理论怎么细分，都精确在这个数列上：1、2、3、5、8、13、21、34、55、89、144。这可能是股市当中最早从数学角度出发的方法。

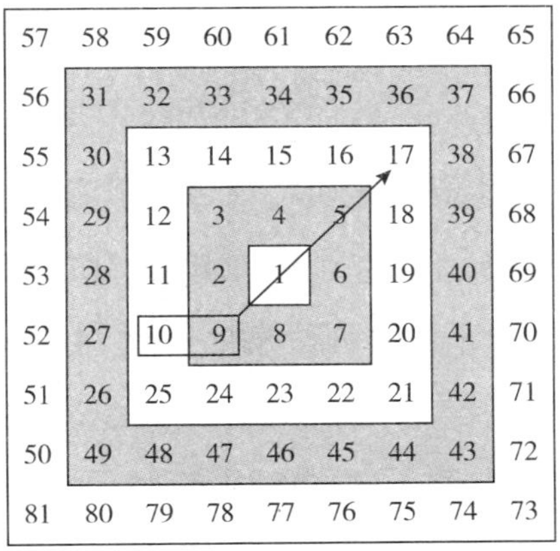

子午流注与阴阳能量的流转也是波浪运行的动力

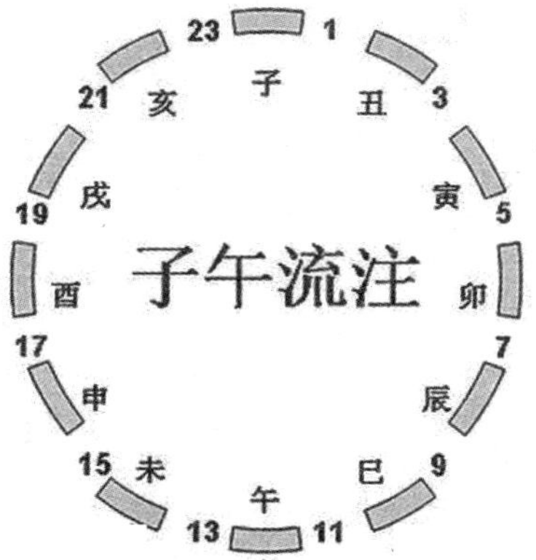


子午，代表时间。十二时辰中，子为夜半为由阴转阳之时，午为日中为由阳转阴之刻。“子时一刻，乃一阳之生；午时一刻，乃一阴之生。故以子午分之而得乎中也。”可知子午是阴阳转化的起始和界限。《灵枢·卫气行》曰：“岁有十二月，日有十二辰，子午为经，卯酉为纬。”其意为子午分别位居南北，成竖线为经；卯酉分别位居东西而为纬。说明子午所涉及的时间和空间概念具有广泛的意义。

流注，从字面上看是为流动转注，比喻自然界江河湖海水流的汇合和往返不息，也包含宇宙万物的随时变化。流是阴阳能量流动，注是阴阳能量灌注，子午流注理论是把一天24小时分为十二个时辰，对应十二地支，在一日十二时辰之中循环流注，盛衰开合有时间节奏、时相特性。子午流注来源于这样的规律，因时从而准确、有效的观察阴阳，在特定的时间点、正常时间规律，以达到判断阴阳能量变化目的。

生物钟对人类情绪的影响很大，当然对市场情绪指数起重要的参考，诺贝尔医学奖评委会将2017年的奖项颁发给三位生物钟分子机制的发现者，也表明国际医学界对于人体生物钟对人体各器官和功能的调节作用的重视，亦可见研究生物钟在医学上有着重要的意义。子午流注注重时间条件，其以自然界周期现象与人体气血周流的情况相配合。体现了中国古人对人体生物钟的直观认识。按照人的情绪、心理、生理活动的生物节律，来分析一天、一周、一月、一年的整体和个人的情绪、体能指标，提前预知个人及市场情绪变化，预防意外发生，子午流注的重要性需要我们去重新认识。

子、午为大转折关键时刻

360天→360°　1天1度

45天→45°　平势

45天＞45°　强势

45天＜45°　弱势

45°代表一个单位时间等于一个单位的价位，换言之，它表示市场处于平衡之中，是市场强弱的分水岭，也可用于界定市场多空的分界线。

江恩理论认为，市场价格的运动在中线位应为45°角线，若市场超过这个角度则市场已超过正常的速度，市场趋势不会维持过久。这也是物极必反的道理。

顺势而为量化交易策略秘法

总结成五字诀为：一曰机，二曰久，三曰极，四曰势，五曰变。

一曰机——安全边际：择机是非常重要的！它决定交易标的入场关键点。而往往关键点决定着成败！

机会是等出来的！你可以理解为是天意，或运气，祸福相依，所谓的危机，是指没有危就没有机，在其他人惊慌割肉离场的时候，大家都感到危险来临的时候，此时，也正是机会蕴育而生之时。一般选择行业寡头、龙头，成长性强的的公司股票即选“成龙”。在期货上一般选主力合约。

二曰久——长期持有：重要的是气长而不是气盛！机构买基金一般要拿3至5年甚至更长时间，投资是一种修行：理则顿悟，乘悟并销；事非顿除，因次第尽。饭要一口一口的吃，路要一步一步的走，不要试图想着一口吃个胖子，要有耐性。

三曰极——物极必反：阴极则阳，阳极则阴。股市中一般用人气指数、日换手率（如2007年10月、2015年6月股指创历史新高：深市日换手率为5%，上证日换手率为3%，也接连创历史新高）、市盈率、系统模型来判断。

阴阳转化如当夏季经过最炎热（阳之极点－夏至）的一天后，天气便会不再变热而反为转凉了。同样地，当冬季经过最寒冷（阴之极点－冬至）的一天后，天气亦会不再变冷而反为转暖。这种转化是万物转变之始，而这转变便是转化及化生的动力。股市亦然，华尔街没有新鲜事！道氏理论讲：历史会重演；趋势一旦形成不会轻易改变；市场反映一切。

四曰势——大道至简：不要把交易搞复杂，一切都离不开供求关系，期货就是远期现货，大宗商品有成本，有供需，买股票则重视 3R 即正确的公司、正确的人（管理团队）、正确的价格。

五曰变——与时俱进：避免教条主义思想；一意孤行，更不能当鸵鸟，放任自流。性相一如，相就是性，表反映里，现象揭露本质，一叶知秋，了解你所处的时代。要抓住历史机遇，选择更有可能出现的标的，不断修正指标参数，以更好的适应量化交易。

### 索罗斯大赚 10 亿美金

1992 壬申年，索罗斯狙击英镑大赚 10 亿美金；2012 壬辰年，其做空日元大赚 15 亿美金。

可见：壬年是索罗斯的发动年，壬为水，为坎卦、主盗贼。天干丁壬相合，丁壬合称为“淫暱之合”。1997 丁丑年，金融大亨索罗斯旗下的对冲基金掀起了对东南亚各国的连番狙击，造就亚洲金融风暴，震惊全球。在横扫东南亚各国之后，索罗斯把目光移向了中国香港。1997 年索罗斯卖空港币。当时香港银行的拆放利率一夜提高到 300%，造成股市立即暴跌。1997 年 9 月 23 日恒生指数一日下跌 10.4%，索罗斯连续在 1998 年 1 月与 6 月做空港币，恒生指数从 1997 年 9 月到 1998 年 6 月下跌了 55%。索罗斯在股市上大赚一笔。

1998 年 8 月，索罗斯欲故伎重演，他不能审时度势，结果物极必反，得到政府的强烈反击而失败，亏损 10 亿美金。这概因 1998 戊寅年，戊土克壬水之故。

美国历史上大的金融危机流年干支规律

1637年 丁丑，1797年丁巳，1819年己卯，1837年丁酉，1857年丁巳，1884年甲申，1901年辛丑，1907年丁未，1929年己巳，1937年丁丑，1974年甲寅，1987年丁卯，1992年壬申，1997年丁丑，2000年庚辰，2007年丁巳。

十六年中有九年是天干“丁”年。2017年也是丁酉年，在阴历十二月十四日美股也是跳水。影响波及全球股市。

世界经济历史上9次著名的经济危机干支信息

丁丑年——1637年

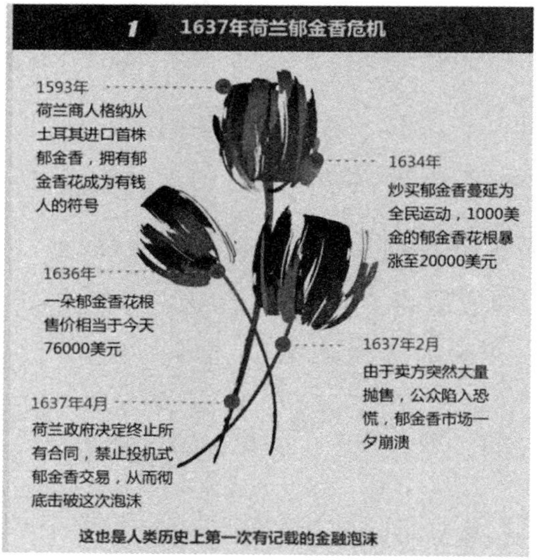
1 1637年荷兰郁金香危机
1593年
荷兰商人格纳从土耳其进口首株郁金香，拥有郁金香花成为有钱人的符号
1634年
炒买郁金香蔓延为全民运动，1000美金的郁金香花根暴涨至20000美元
1636年
一朵郁金香花根售价相当于今天76000美元
1637年2月
由于卖方突然大量抛售，公众陷入恐慌，郁金香市场一夕崩溃
1637年4月
荷兰政府决定终止所有合同，禁止投机式郁金香交易，从而彻底击破这次泡沫
这也是人类历史上第一次有记载的金融泡沫

庚子年——1720 年

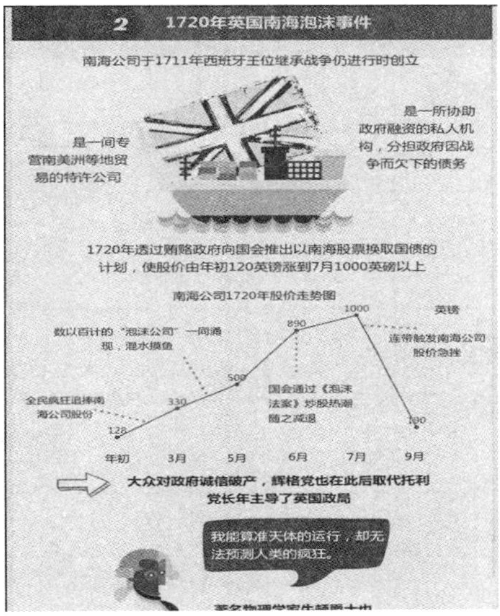
2 1720年英国南海泡沫事件
南海公司于1711年西班牙王位继承战争仍进行时创立
是一间专营南美洲等地贸易的特许公司
是一所协助政府融资的私人机构，分担政府因战争而欠下的债务
1720年透过贿赂政府向国会推出以南海股票换取国债的计划，使股价由年初120英镑涨到7月1000英镑以上
南海公司1720年股价走势图
英镑
128
330
500
890
1000
100
年初
3月
5月
6月
7月
9月
全民疯狂追捧南海公司股份
数以百计的“泡沫公司”一同涌现，混水摸鱼
国会通过《泡沫法案》炒股热潮随之减退
连带触发南海公司股价急挫
大众对政府诚信破产，辉格党也在此后取代托利党长年主导了英国政局
我能算准天体的运行，却无法预测人类的疯狂。

丁酉年——1837 年

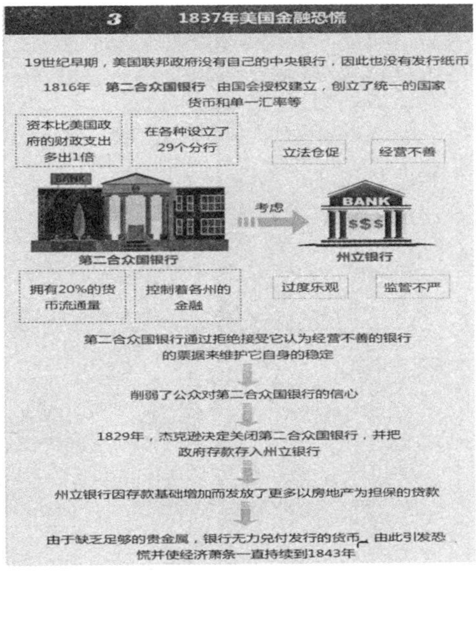
3 1837年美国金融恐慌
19世纪早期，美国联邦政府没有自己的中央银行，因此也没有发行纸币
1816年 第二合众国银行 由国会授权建立，创立了统一的国家货币和单一汇率等
资本比美国政府的财政支出多出1倍
在各种设立了29个分行
立法仓促
经营不善
BANK
考虑
BANK
$$$
第二合众国银行
州立银行
拥有20%的货币流通量
控制着各州的金融
过度乐观
监管不严
第二合众国银行通过拒绝接受它认为经营不善的银行的票据来维护它自身的稳定
削弱了公众对第二合众国银行的信心
1829年，杰克逊决定关闭第二合众国银行，并把政府存款存入州立银行
州立银行因存款基础增加而发放了更多以房地产为担保的贷款
由于缺乏足够的贵金属，银行无力兑付发行的货币，由此引发恐慌并使经济萧条一直持续到1843年

丁未年——1907 年

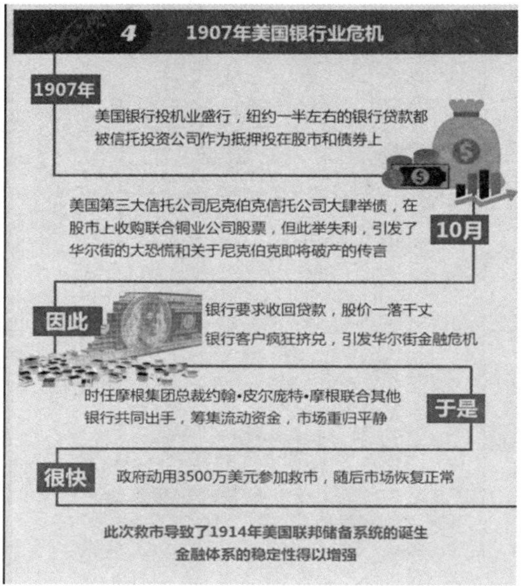
4 1907年美国银行业危机
1907年
美国银行投机业盛行，纽约一半左右的银行贷款都被信托投资公司作为抵押投在股市和债券上
10月
美国第三大信托公司尼克伯克信托公司大肆举债，在股市上收购联合铜业公司股票，但此举失利，引发了华尔街的大恐慌和关于尼克伯克即将破产的传言
因此
银行要求收回贷款，股价一落千丈
银行客户疯狂挤兑，引发华尔街金融危机
于是
时任摩根集团总裁约翰·皮尔庞特·摩根联合其他银行共同出手，筹集流动资金，市场重归平静
很快
政府动用3500万美元参加救市，随后市场恢复正常
此次救市导致了1914年美国联邦储备系统的诞生
金融体系的稳定性得以增强

己巳年——1929 年

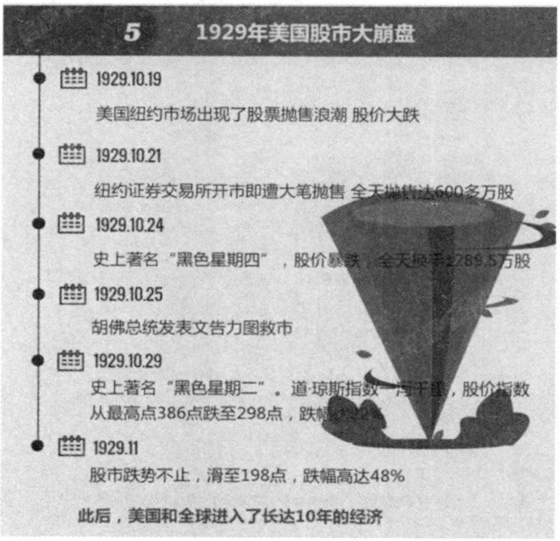
5 1929年美国股市大崩盘
1929.10.19
美国纽约市场出现了股票抛售浪潮 股价大跌
1929.10.21
纽约证券交易所开市即遭大笔抛售 全天抛售达600多万股
1929.10.24
史上著名“黑色星期四”，股价暴跌，全天换手1289.5万股
1929.10.25
胡佛总统发表文告力图救市
1929.10.29
史上著名“黑色星期二”。道·琼斯指数一泻千里，股价指数从最高点386点跌至298点
1929.11
股市跌势不止，滑至198点，跌幅高达48%
此后，美国和全球进入了长达10年的经济

丁卯年——1987 年

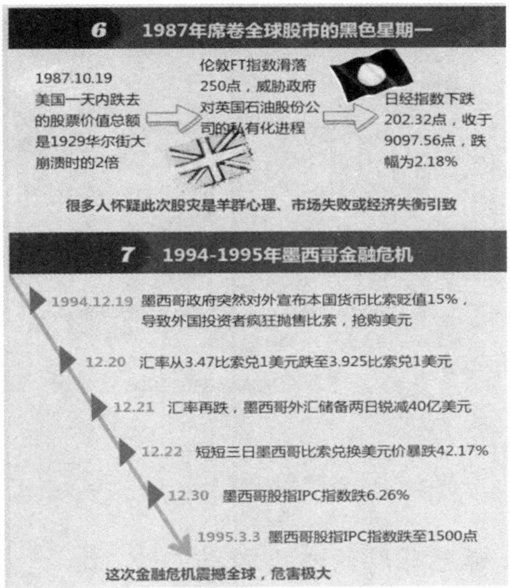
6 1987年席卷全球股市的黑色星期一
1987.10.19
美国一天内跌去的股票价值总额是1929华尔街大崩溃时的2倍
伦敦FT指数滑落250点，威胁政府对英国石油股份公司的私有化进程
日经指数下跌202.32点，收于9097.56点，跌幅为2.18%
很多人怀疑此次股灾是羊群心理、市场失败或经济失衡引致
7 1994-1995年墨西哥金融危机
1994.12.19 墨西哥政府突然对外宣布本国货币比索贬值15%，导致外国投资者疯狂抛售比索，抢购美元
12.20 汇率从3.47比索兑1美元跌至3.925比索兑1美元
12.21 汇率再跌，墨西哥外汇储备两日锐减40亿美元
12.22 短短三日墨西哥比索兑换美元价暴跌42.17%
12.30 墨西哥股指IPC指数跌6.26%
1995.3.3 墨西哥股指IPC指数跌至1500点
这次金融危机震撼全球，危害极大

丁丑年——1997 年

8 1997年亚洲金融危机
下半年
受韩国影响，一系列银行和证券公司相继破产，日元大幅贬值，亚洲金融危机继续深化
11月中旬
韩国爆发金融风暴，韩元兑美元汇率跌至新低
10月下旬
国际炒家矛头直指香港联系汇率制，28日恒生指数跌破9000点
10月
突然弃守新台币汇率，加大对港币和香港股市压力
7月2日
宣布实行浮动汇率制，引发外汇及其他金融市场混乱
日本
韩国
台湾
香港
泰国
菲律宾
马来西亚
印度尼西亚
8月
三国货币相继成为
这场危机打破了亚洲经济极速发展的景象，一直持续到1999年才结束

丁亥年——2007 年

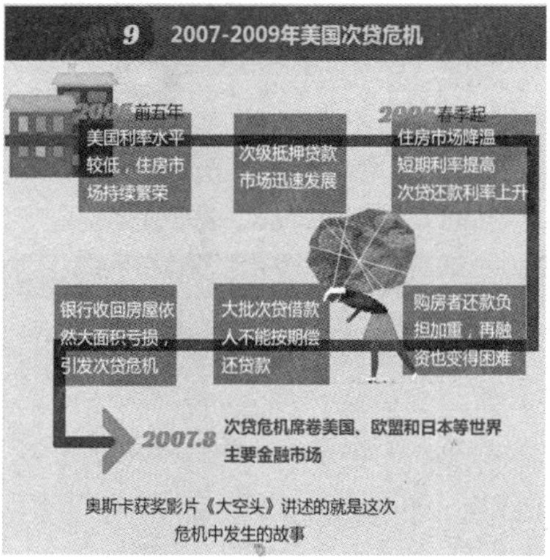
9 2007-2009年美国次贷危机
前五年
美国利率水平较低，住房市场持续繁荣
次级抵押贷款市场迅速发展
春季起
住房市场降温
短期利率提高
次贷还款利率上升
购房者还款负担加重，再融资也变得困难
大批次贷借款人不能按期偿还贷款
银行收回房屋依然大面积亏损，引发次贷危机
2007.8
次贷危机席卷美国、欧盟和日本等世界主要金融市场
奥斯卡获奖影片《大空头》讲述的就是这次危机中发生的故事

价值投资大师巴菲特的四次回撤

| 流年 | 资金回撤 |
|---|---|
| 1975 年卯年 | –59% |
| 1987 年卯年 | –37% |
| 1999 年卯年 | –49% |
| 2008 年子年（子水生卯木为母子关系） | –51% |

A 股史上的三次大跳水

1996 年（之前没有涨跌停板限制）以后 A 股发生过三次股灾。每一季股灾的到来，都让市场惊心动魄。

第 1 季：大盘“跌停”

发生时间：1996 年 12 月 16 日

农历时间：冬月初六日乙巳时　大雪中元

当月节气：12 月 21 日 22 时 6 分冬至

当日干支：丙子 庚子 丁亥 乙巳

当日旬空：午未（日）　寅卯（时）

1996 年上证综指从 1 月 19 日的 512 点最高涨至 12 月 19 日的 1258 点，不到一年的时间，累计涨幅为 140%。而深成指的涨幅更是超过 300%。10 月起，管理层为了抑制股市的快速上涨，连续发布了后来被称作“12 道金牌”的各种规定和通知，但行情依然节节攀升。

12 月 16 日，《人民日报》刊发特约评论员文章《正确认识当前股票市场》。文章中给股市定性为“最近一个时期的暴涨是不正常和非理性的”，这一天恰逢周一。当天，沪指跳空低开 105 点，最终收于 1000 点，重挫 9.91%，深成指下跌 10.08%，当天两市绝大多数股票跌停。次日，沪指再度暴跌 9.44%，深成指跌幅达 9.99%。

短短的 9 个交易日内，沪指便从当年的最高点跌至 855 点，最大跌幅 30%。

第 2 季：五年熊市

发生时间：2001 年 7 月底

2001 年 7 月 30 日（辛巳年乙未月甲午日），又是一次“黑色星期一”，这场股灾与国有股减持有关。2001 年 6 月中旬，财政部推出国有股减持方案，股指出现见顶迹象。在 7 月 24 日，国有股减持在新股发行中正式开始，股市开始下跌。直到 7 月 30 日，沪深两市创下两年内最大跌幅，上证综指下跌 5.27%，深成指下跌 5.21%。

2001 年上半年，沪指创下当年 6 月份的历史新高 2245 点。与此同时，市场掀起一场“中国股市市盈率是否太高”的大讨论。

当时，为了充实社保资金，国有股开始减持，进一步引发了投资者的“用脚投票”。再加上国内经济增速下滑、银广夏造假事件等原因，最终引发了A股在当年7月底出现崩溃式下跌，导致一场长达5年的熊市，期间再也没有见到2245点，直到2005年998点历史大底后才重回上方。

第3季：重挫千点

发生时间：2007年5月30日

2007年5月30日（丁亥年乙巳月甲子日），财政部宣布上调印花税，从1‰提到3‰。当日，沪指开盘跳空低开近5个点，收盘下跌6.5%。短短一周内，沪指重挫近千点，从4300点一路狂跌至3400点，大部分股票连续遭遇多个跌停，众多投资者猝不及防、损失惨重，历史上称为“5·30事件”。

经过“5·30”大跌之后，沪指最终又上涨至历史最高点6124点，但更多是蓝筹股带动的指数型行情，众多中小盘股其后盘整甚至下跌，大部分投资者“赚指数不赚钱”。

### 周易六十甲子与世界经济周期－康波周期

十天干和十二地支进行循环组合：甲子、乙丑、丙寅……一直到癸亥，共得到60个组合，称为六十甲子，如此周而复始，无穷无尽。年月日时都是60一个循环。60在时间领域是个奇妙的数字。不但中国古代人民用60作为循环，在来自西方的计时法中，一分钟是60秒，一小时是60分钟。

一切都是时也。时机是历史的选择，是不常出现的，机遇往往是给有准备的人。人生就是一场康波。这句话的意思就是说我们每个人的财富积累一定不要以为是你多有本事，财富积累完全来源于经济周期运动的时间给你的机会。在世界经济周期运动中最长的周期是康德拉季耶夫周期，它一个循环是60年一次，所以就是大家知道60年就是一个人的自然寿命是60年，中国讲60甲子，循环一次就是一个康德拉季耶夫周期。它分为回升、繁荣、衰退、萧条。

在康德拉季耶夫以前，人们已经注意到经济发展过程中长时段的繁荣与萧条的交替存在着某种规律性。第一次世界大战期间，一些经济学家已经提出过长周期的设想。康德拉季耶夫的贡献在于用大量经验统计数据检验了长周期的设想，从而使之成为了一种比较系统的周期理论。

人生发财靠康波。40岁的人抓住那次机会的不多，所以2008年是第一次机会。第二次机会在2019年，最后一次在2030年附近，能够抓住一次你就能够成为中产阶级，这就是人生发财靠康波的道理。巴菲特没什么，为什么能够投资成功，原因就在于他出生在第五次康波周期的回升阶段所以他能成功，如果现在一样不会成功，这个就是由你的宿命决定的。

日线(复权) 青岛海尔 MA500: 4.90↑ MA20: 8.25↑ MA55: 7.41↑ MA13: 8.64↑
删自选 均线 复权 叠 窗 预测
9.95
9.64
8.41
6.87
5.32
4.07
总手: 287282↑ MAVOL5: 353625↓ MAVOL10: 519384↓ 成交量已复权
成交量
12964
6564
X100
MACD(12,26,9) MACD: -0.106↑ DIFF: +0.363↓ DEA: +0.416↓
优选参数 默认参数 指标说明
+0.574
+0.161
04
05
06
07
08
09
10
11
12

2

# 形态为趋势之母

理解形态与趋势的7句话

所谓形态，本质上就是多空在一定区间内反复争夺的过程。

① 形态为趋势之母。

形态是趋势的先导，先出形态，再有趋势，形态在先，趋势在后。

② 形态不易被突破。

形态突破之前，多空反复较量，突破不易，但一旦突破，价值就很重大，因为随后的趋势运动惊人，乃大势所趋，非人力所能及。没有不突破的形态，形态的突破只是时间问题。

③ 小形态出小趋势，大形态出大趋势。

轻而易举突破的形态，后边的趋势往往较小；反复争夺后突破的，标志着一方胜出，趋势一旦展开就不易结束，直至能量释放完毕，新的形态日趋成形。

④ 操作以形态为标尺。

在趋势展开之前就可以从形态中预见到趋势的方向、级别大小、强弱等核心信息。也就是说，趋势的方向、级别大小、强弱等在趋势形成和展开之前就已确定了，正确的交易决策在趋势展开前就已经确定了，很多投资者失败就是缘于思维的出发点错了，喜欢从趋势的局部表现去决定买卖，局部表现好就追买，否则就追卖。如果思维的出发点错了，是不可能得出正确的结论的。

⑤形态突破后趋势不是马上能一帆风顺。

趋势只有在形态突破之后才会快速进展，但有时候，出现一日或几日的回调或整理，此时最容易在黎明到来之前丢掉筹码，或来回操作反复被抽耳光。

⑥形态形成需要时间，故机会是等出来的。

机会是等出来的，利润是捂出来的，靠抢短线发不了财，如果你对趋势没信心，抢进抢出也没用，反过来如果你对趋势有信心，也用不着抢进抢出。信心和交易手法在形态突破前就已经确定了。抢进抢出总是让你的持仓心态处于不稳定状态，不管是盈还是亏，而且总是让你为浪费趋势而懊恼不已。

⑦趋势一旦形成不会轻易改变。

遵守已形成的趋势，继续持仓不动，直到趋势加速，没有不加速的趋势。

总之，如果发现自己处在逆势的潮流里，不要试图改变潮流方向，应该及时站在岸上观望，耐心等待时机，寻找顺势的潮流随波逐流。

## 形态总汇图

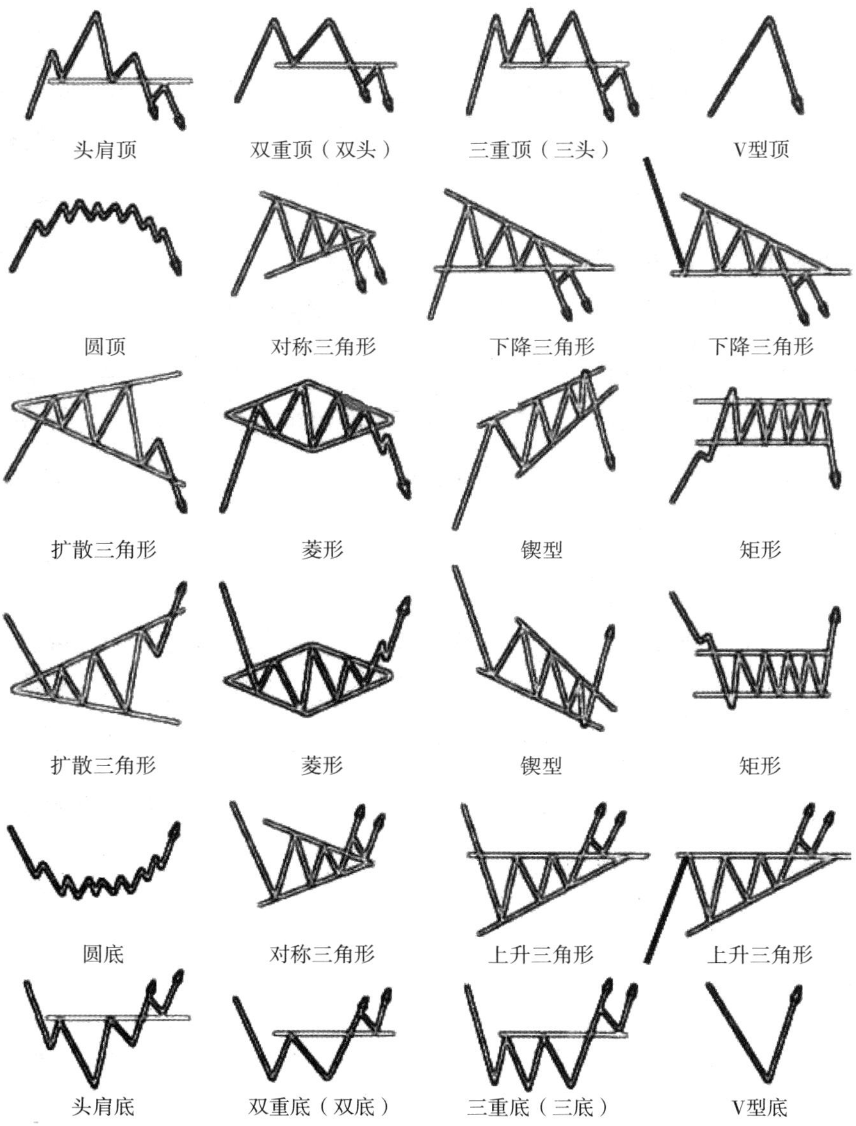
头肩顶
双重顶（双头）
三重顶（三头）
V型顶
圆顶
对称三角形
下降三角形
下降三角形
扩散三角形
菱形
锲型
矩形
扩散三角形
菱形
锲型
矩形
圆底
对称三角形
上升三角形
上升三角形
头肩底
双重底（双底）
三重底（三底）
V型底

## 均线是不错的判断趋势指标

就各种技术指标而言，多则惑，少则得。

在均线的使用上，短的是兵，长的是将。如果我们的眼睛仅盯在5 日、10 日均线上，那顶多算个优等兵。要想当将军，还得看 50 日以上的均线。长短结合才会游刃有余——既能抓住大势，又能选择好进单时机。

几根重要均线系统分别是：10 天均线，20 天均线，60 天均线，200 天均线。

通常用四根均线系统，就能实用于短线、中线、长线的决策，掌握当下股市所处的状态。只要严格执行纪律，一定会做到胸有成竹。

## 历史大牛市起点的算法

如图：

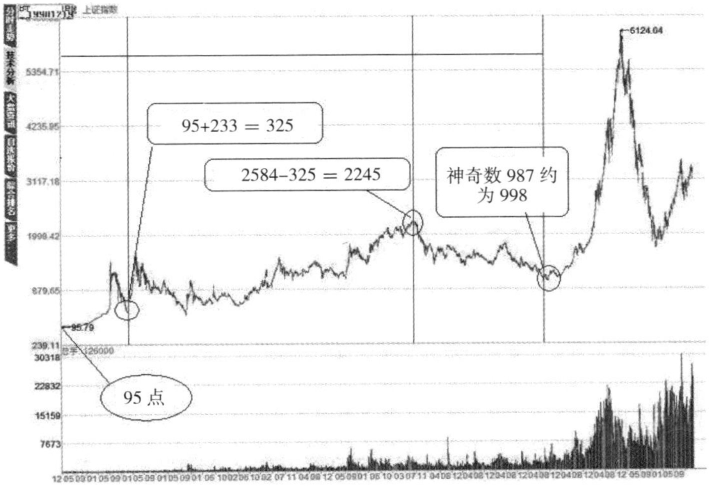

① 1994 年 7 月的 325 点，是以 1990 年 12 月 19 日为 95 点。95 点（1990 年中国股市开市）为起点，95+233 ≈ 325 点。1990 年庚午年子月为 95 点，1994 年 7 月甲戌年未月（夏季）为 325 点。

② 2001 年 6 月 4 日（辛巳年，巳月）的 2245 点，是神奇数字 2584–325 ≈ 2245（其中 325 是有标志性的重要的前期低点）。

③ 2005 年 6 月（乙酉年巳月）份的 998 点，大约是神奇数字第 16 个数字 987，此数是重要牛熊分界点，是标志性重要性点位。在 2005 年 6 月 3 日产生，2005 年乙酉年，在九宫之兑宫，兑为折，兑为倒巽，也有转折之意。

总结如下：一般说，神奇数 1、1、2、3、5、8、13、21、34、55、89、144、233、377 的时间单位应用最广。对市场周期影响的最有效数是 34 至 377 数，34 大约对应 30 度，377 大约对应一周 360 度的范围。

### 13 神奇数组成的趋势

从历史大牛 2007 年起点 998 点到最高点 6124 点，上涨了 26 个月（13 的两倍），从最高点 6124 点到 1664 点，下跌了 13 个月，历史二牛 2015 年亦是如此，13 数实为神奇数。

如下图：上证指数 2009 年 8 月 4 日 9 月 1 日共 21 天，黄金分割这 21 天，推出 9 月 18 日为 1.618 处的大跌日。8 月 4 日 ~ 9 月 18 日共 34 天。

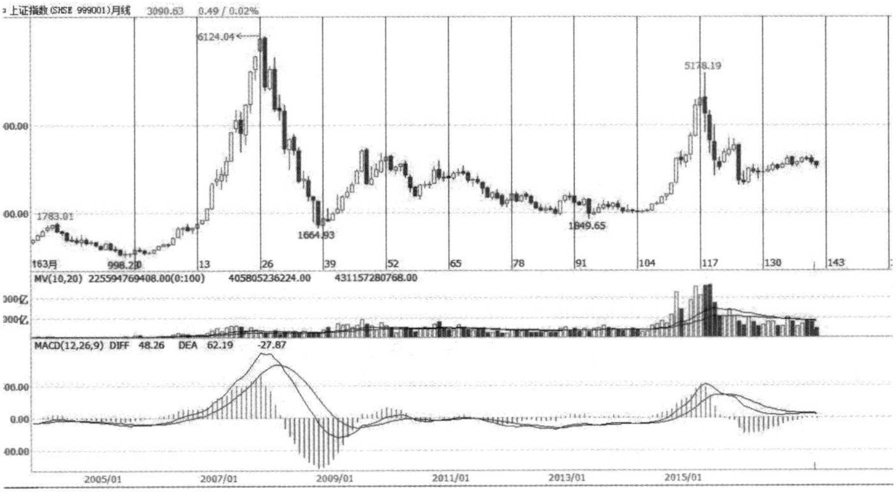


上证指数月 K 线图

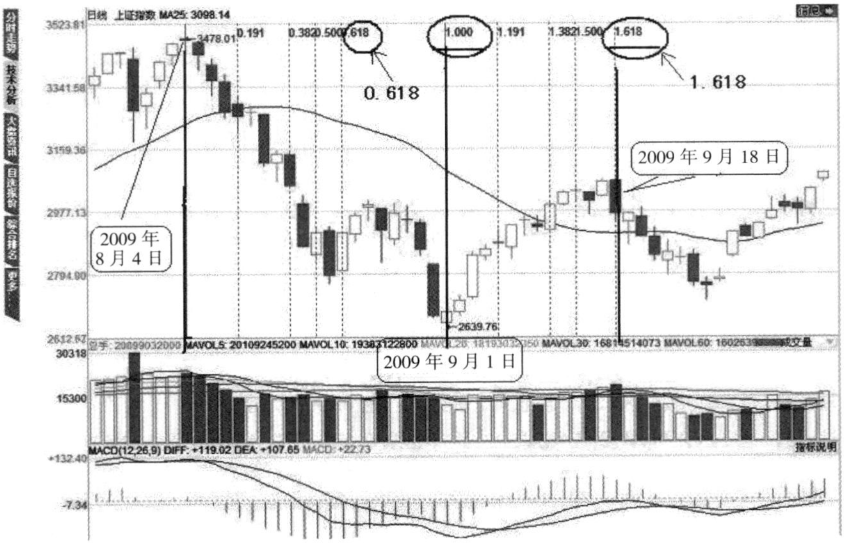


8 月 4 日至 9 月 18 日共 34 天，黄金分割这 34 天，推出 10 月 26 日为 1.618 处的大跌日。8 月 4 日 ~ 10 月 26 日共 55 天。

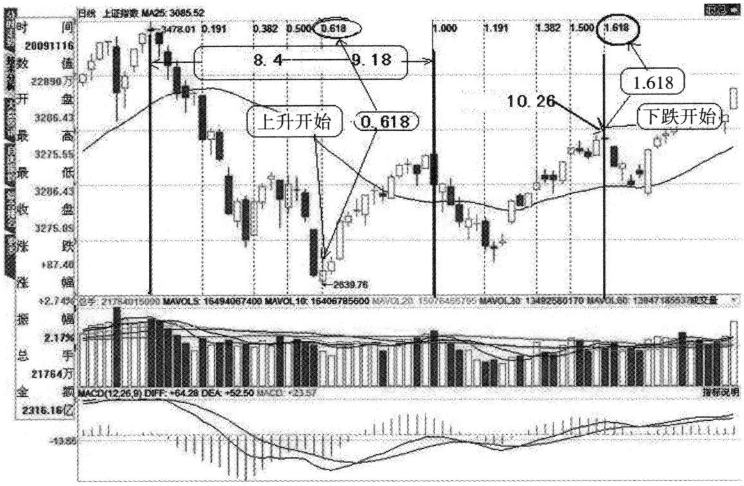


8 月 4 日至 10 月 29 日上证指数

21 天、13 天、7 天、13 天、3 天组合数图如下：

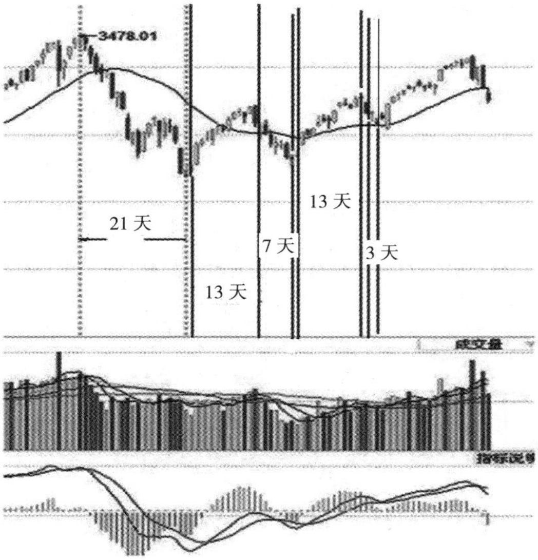

55 天 K 线上证指数走势图如下：

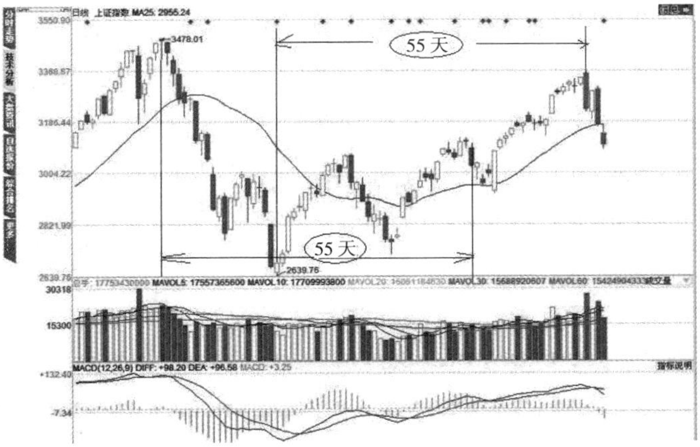


台股加权指数 55 月 K 线走势图如下：

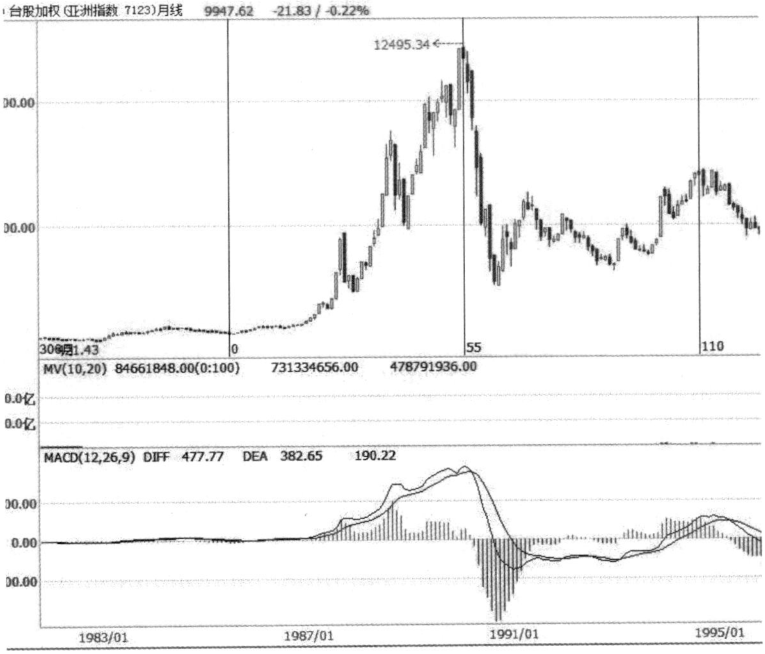


**台湾加权指数月 K 线走势图**

从台湾历史大牛 1985 年起点 636.02 点到 1990 年最高点 12495.34 点，上涨了 55 个月。

长期规律 55 天均线图如下：

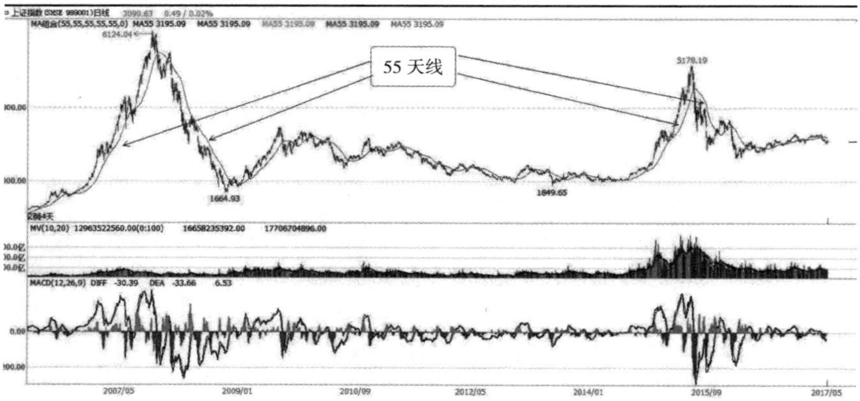


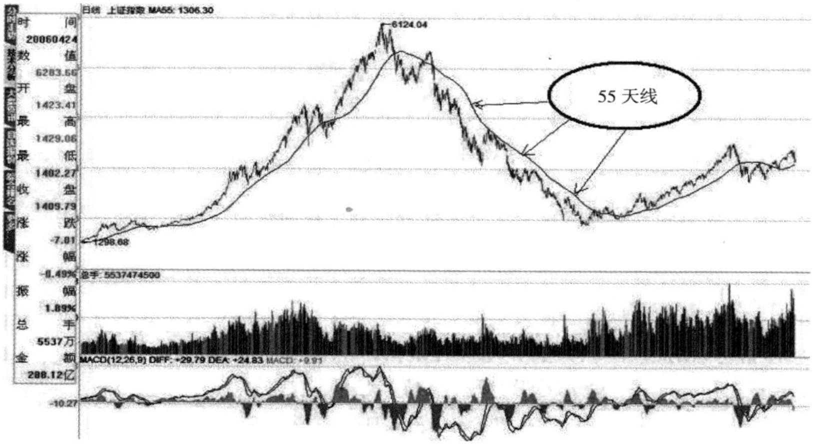


上证指数 2006 ~ 2017 年 K 线走势图

例如，从历史高点 6124 点下跌以来，2007 年 11 月 28 日最低 4778 点就是 233 日均线支持下产生的，其后在 55、89 日均线上构成多头陷阱，其后下跌一直受制于21日均线直到3000点下，而其后反弹又被55日均线精确压制。

该系统对走势的吻合程度显然是很高的，在后面走势没出现大变化时，当然可以一直沿用。由此可见，55日（89日很快将与之缠绕）是反弹真正的试金石，如果不能突破甚至不能触及，就意味着这反弹级别依然不够大，很有可能回试后再组成更大级别的反弹。而短线来说，34日均线就是一个很实际的考验了。

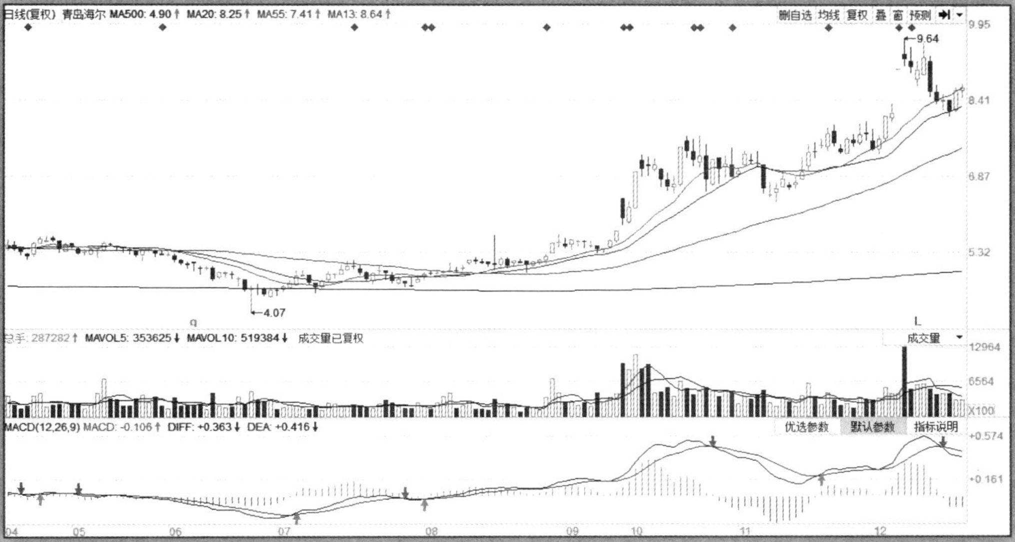

日线(复权) 青岛海尔 MA500: 4.90↑ MA20: 8.25↑ MA55: 7.41↑ MA13: 8.64↑
删自选 均线 复权 叠 窗 预测
9.95
9.64
8.41
6.87
5.32
4.07
总手: 287282↑ MAVOL5: 353625↓ MAVOL10: 519384↓ 成交量已复权
成交量
12964
6564
X100
MACD(12,26,9) MACD: -0.106↑ DIFF: +0.363↓ DEA: +0.416↓
优选参数 默认参数 指标说明
+0.574
+0.161
04
05
06
07
08
09
10
11
12


# 3

# 经典形态理论

上证指数月线图中的玄机

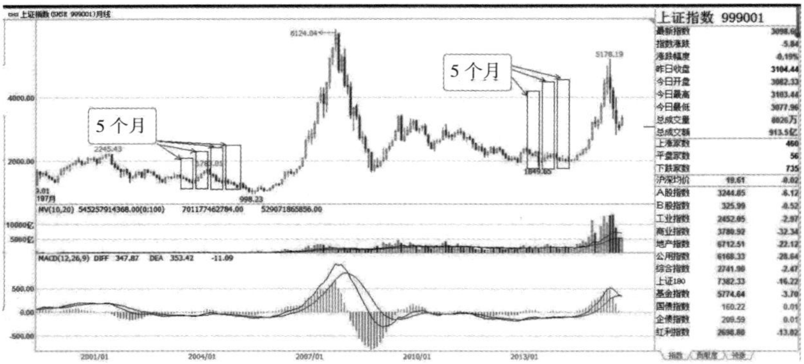


上证指数的月线图

2013 年 2 ~ 6 月和 7 ~ 11 月，2013 年 12 月到 2014 年 4 月，2003 年 6 ~ 10 月和 2003 年 11 月 ~ 2004 年 3 月，2004 年 4 ~ 8 月，市场时间周期均是以“5”个月来回循环波动。

在月线图上，斐波纳契数列中数字“5”出现的机会较多。

斐波纳契数又称“神奇数字”，演化如下：

从 1 开 始，1+1=2；2+1=3；3+2=5；5+3=8；8+5=13；13+8=21；21+13=34；34+21=55；55+34=89；89+55=144……233、377、610、987、1597、2584、4181……196418……

都是后一个加前一个数而得。

在斐波纳契数列中，有黄金分割比例信息，如 21 ÷ 34=0.618；34 ÷ 21=1.618；34 ÷ 55=0.618；55 ÷ 34=1.618；55 ÷ 89=0.618；89 ÷ 55=1.618；89 ÷ 144=0.618；144 ÷ 89=1.618。

宇宙基因密码 0.618

0.618 能体现相与数的完美统一，是中庸大道之数。0.618 普遍分布于宇宙，组成很多漂亮的图案结构，是人心思归的终极目标。0.7 都不完美，就如同周易八卦每个卦只有六个爻一样。周而复始，到七就是另一个新开始、一个转折。

如果你没有超前的预测性就如中医针灸不懂经络穴位，动手便错。有很多人当股票涨了 50%，就把股票卖了，可刚卖股票却又涨到了一倍。另有人在高位回落 50%，刚买入，结果又下跌到 70%，虽然 50% 这个点位是非常重要的，但这是普通规律，事物往往都有其特殊规律，这就是预测要解决的问题。

如下图：

## 黄金分割与形态

低点到高点、高点到低点：

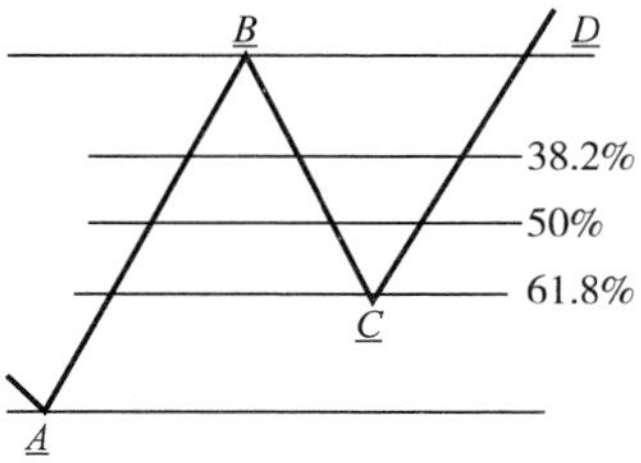


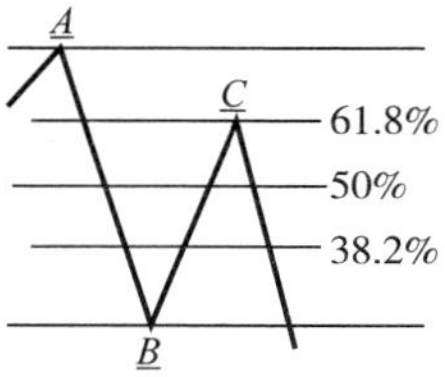


黄金分割的几种状态：

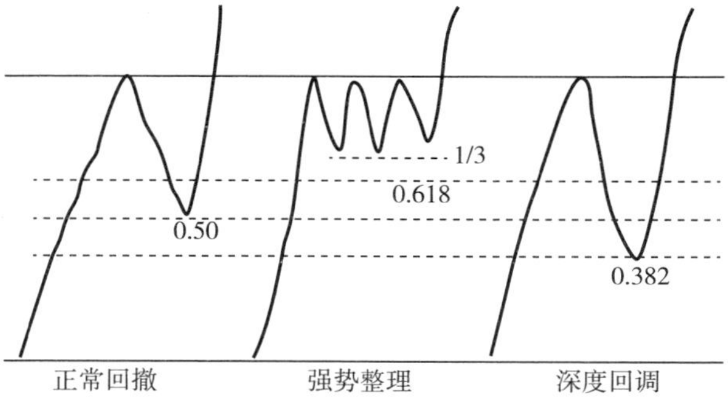


黄金分割是一种逻辑。从全局看、从多空的趋势看，往往能给你一个定心丸。

黄金分割位可判断趋势回到某个位置，在这个位置叫“下蹲”或“上举”。“下蹲”是做多的补仓点，“上举”是做空的补仓点。

0.618为黄金分割 其余为黄金分割衍生

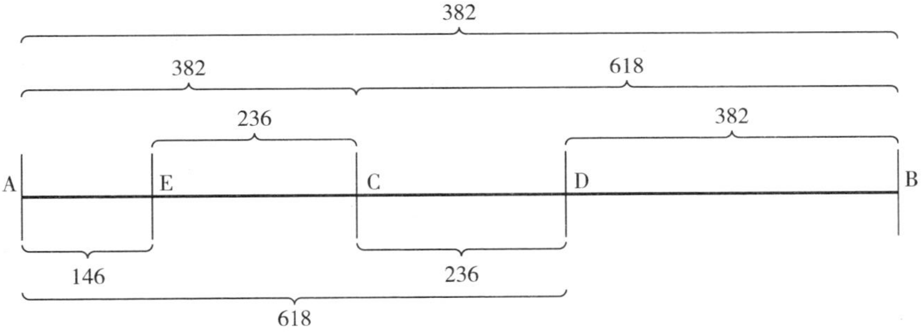


黄金分割是时间和空间的转换器。

上证指数月 K 线的时间和空间的黄金分割率分析图如下：

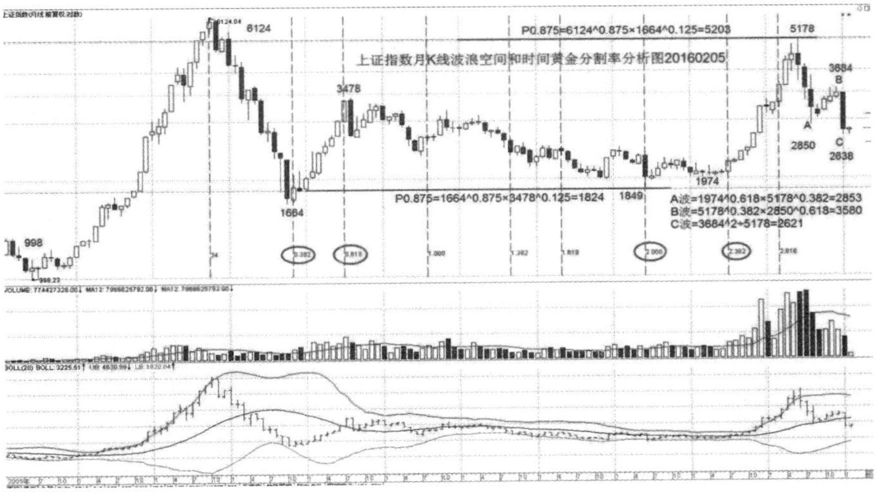


## 高低点黄金分割

举例：黄金分割与术数画法，如下图：

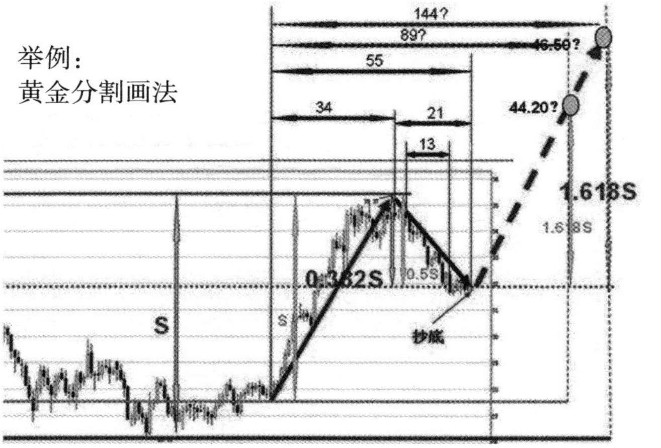


洛书数与斐波纳契数概述

我们分析跟踪了大量、长期的股票图表，发现股价波动基本是以斐波纳契数列中的前 8 位，即 1、1、2、3、5、8、13、21 为上涨或下跌周期的。

洛书数用八卦表示为：乾 1，兑 2，离 3，震 4，巽 5，坎 6，艮 7，坤 8。

斐波纳契数列中的前 8 位如下排列：

1—乾

1—乾

13—巽 注：13 ÷ 8 余 5　5 为巽

17—乾 注：17 ÷ 8 余 1　1 为乾

21—巽 注：21 ÷ 8 余 5　5 为巽

其中，巽为进退，利股市三倍，巽指市场交换、主交易。交易活动，是人们赖以生存的基本经济活动。

坎卦数为 6，6=1+5，我们添了 6 数，其实还是从 1 与基数 5 加减变化而来。

以上 1、1、2、3、5、8、13、21 对应乾、坎、兑、离、巽、坤、巽、巽八卦。

它们代表的市场运行含义是：乾为三阳开泰；坎为坎水流淌；艮为止后思变；震为动如脱兔；兑为雷水相击；离为涨势如虹；巽为银行、交易；坤三阴成全。

几种特殊时间周期均线

能量支撑和阻力平台或称移动能量平台（移动平均线）：5 日、10 日、13 日、19 日、23 日、34 日、43 日、55 日、60 日或 90 周、181 周能量移动平均线（平台）

5——巽（巽为银行、交易）

10——10=5+5，5 为巽。（巽为银行、交易）

13——注：13 ÷ 8 余 5，5 为巽（巽为银行、交易）

19——注：19 ÷ 8 余 3，3 为离（涨势如虹）

23——注：23 ÷ 8 余 7，7 为艮（止后思变）

29——注：29 ÷ 8 余 5，5 为巽（巽为银行、交易）

34——注：34 ÷ 8 余 2，2 为兑（雷水相击）

43——注：43 ÷ 8 余 3，3 为离（涨势如虹）

55——注：55 ÷ 8 余 7，7 为艮（止后思变）

60——注：60 ÷ 8 余 4，4 为震，一个月 20 个交易日，三个月为 60 天，三个月为近百日，百日筑基，震（生起光明之象）。

90——注：9÷8余2，2为兑（雷水相击）

181——注：181÷8余5，5为巽（巽为银行、交易）。181也可以拆开为：18为否，81为泰，否极泰来，泰极否来，故为牛熊分界线，周线走势图多用181周均线。

另外还应特别注意：5、13、21、34、55、89、144、233为参数的均线系统。

不同的均线是不同标的股票之命脉，如果设定的不好，会把一轮行情做错，这很遗憾。这里设均线为趋势的基础，有的时候需要微调参数，但不管怎么调都离不开这些基础线。均线把握趋势，趋势呈现均线，趋势均线合一，体相结合，把握股市脉搏。

### 八卦与波浪理论

波浪理论认为：驱动浪是由5浪组成，调整浪是由3浪组成。因此，在上升趋势中，上升浪为驱动浪（动力浪），呈现5浪结构；下跌浪为调整浪（反作用浪），呈现3浪结构。

波浪形态基本结构

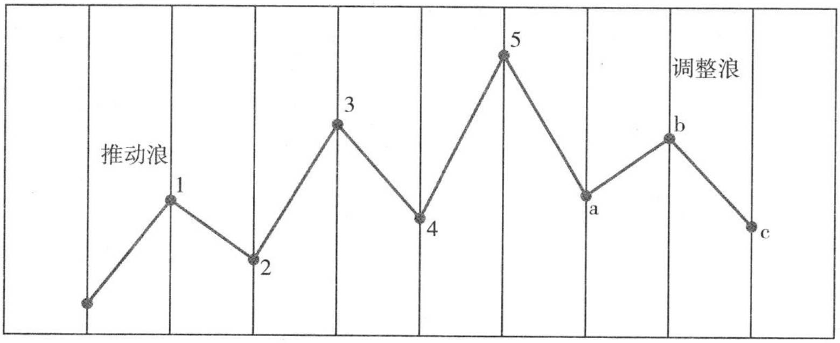

波浪理论有 5 浪上升、3 浪下跌。主要还是要把各浪的性质搞清楚，3 浪下跌的要点在于：a 浪和 b 浪的走势比较清楚，c 浪的走势较难预测，这也导致“抄底”经常失败，“底下面还有底”说的就是这个意思。

八卦波浪图：

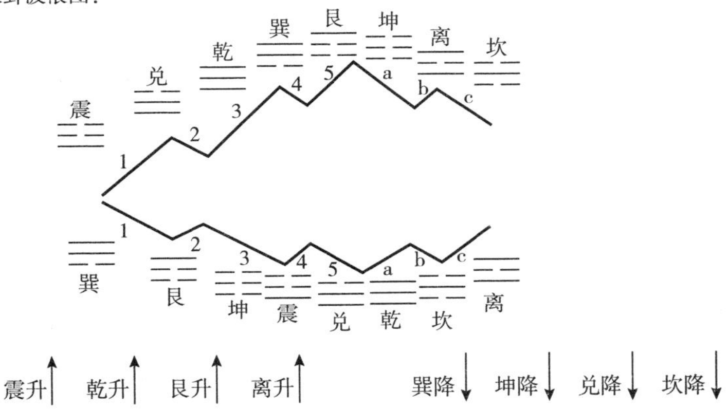


上图为八卦波浪倒影图（含八卦上升波浪图与八卦下降波浪图），八浪为：①浪震 ②浪兑 ③浪乾 ④浪巽 ⑤浪艮；a 浪坤 b 浪离 c 浪坎。

震为一阳升，刚开始涨。

兑为泽主下流，卦相为一阴爻二阳爻，内部在蕴积上涨能量因素。

乾为三阳，此波以最大能量上涨。为主升浪。

巽为一阴升，主进退，退是为了进，利股市三倍。高位换手。

艮为止，涨到能量释放完了就停止了，到山顶了，涨到头了，停止涨，该转折了。

坤为纯阴，下跌的能量已经具足，预计很久空方的能量才能释放完。

离卦在下跌浪的调整浪中即 c 浪预示着星星之火可以燎原，新一轮的大升势即将展开。在上升浪的调整浪中即 b 浪预示着回光返照，新一轮的大跌势即将展开。

坎卦为水，水性下流，在下跌浪的调整浪中即 b 浪预示着展开筑底，彻底死在地板上。在上升浪的调整浪中即 c 浪预示着空方以下跌来示威，新一轮的大跌势即将展开。

八卦波浪论，因卦相能反应成交量的（即能量）的多寡，所以弥补了西方波浪理论中只重视形态而忽视了成交量方面的影响，从而给人们制造假波浪形状提供了机会。

八卦诸象，艮之震，兑之巽，离之坎，坤之乾，阴之阳，阳之阴，天时地利人事，太极推定，预测演算，周易思维模式最能演绎量化交易策略，平时运筹帷幄、耐心等待。

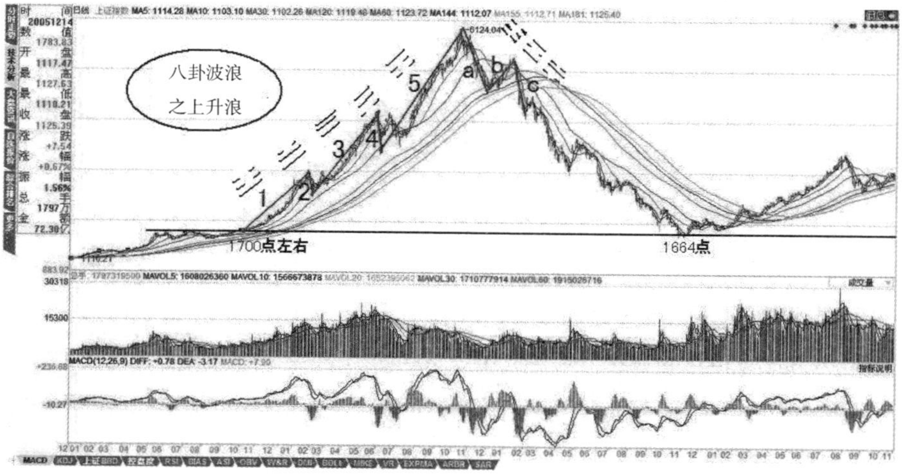

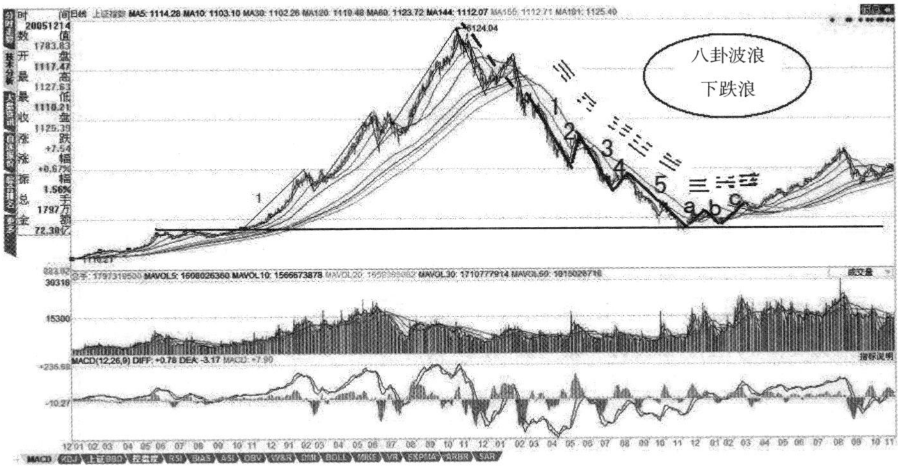


震卦和艮卦的 K 线形态举例

震卦有 W 底，U 底，V 底，WW 箱形底部整理，头肩底等。

艮卦有 M 头，n 头，A 头，MM 箱型头部整理，头肩顶等。

震仰盂 ☳

艮覆碗 ☶

卦相指标：

W——震卦☳——主升∪——震卦☳——主升

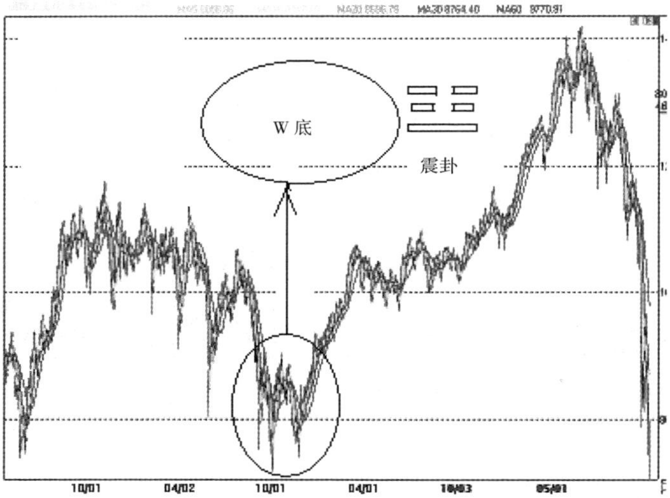


M———艮卦☶——主跌 ∩——艮卦☶——主跌

突破位的图表形态

W（震卦）形态完成后上攻开始

① W 底即双重底。

② W 的变形：大 U 加小 v 即 U+v（美国威廉·欧奈尔根据 1000 多个牛股规律总结出的），俗称“杯柄形态”。

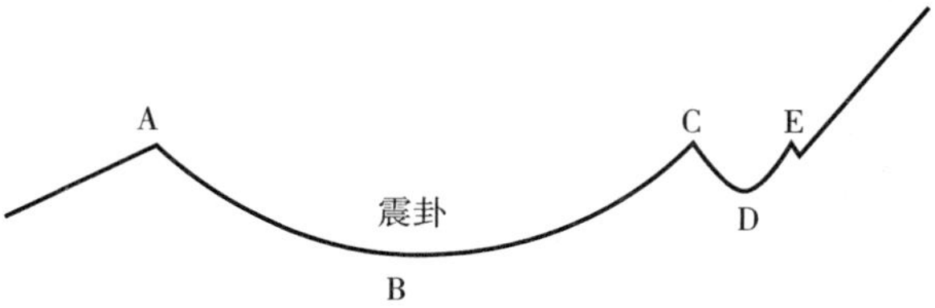


如上图，C 点配合成交量是买入点，E 点是加仓点。

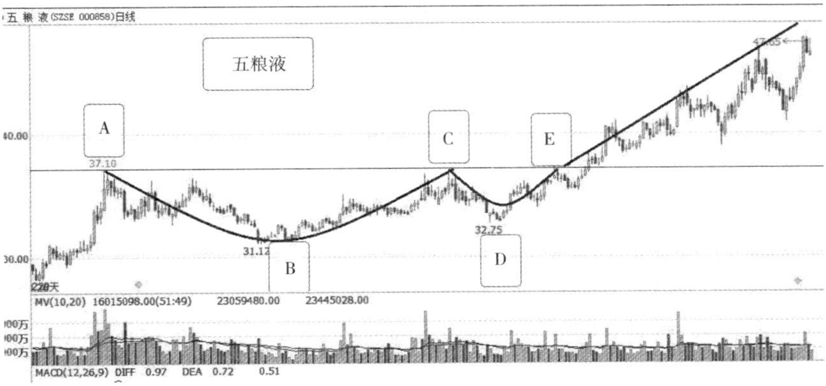


③平底即平锅底。

④底上有底。

## M（艮卦）形态完成后下跌开始

如下图，同仁堂 2015 年子月，M 头形成后开始下跌。

2015 年子月

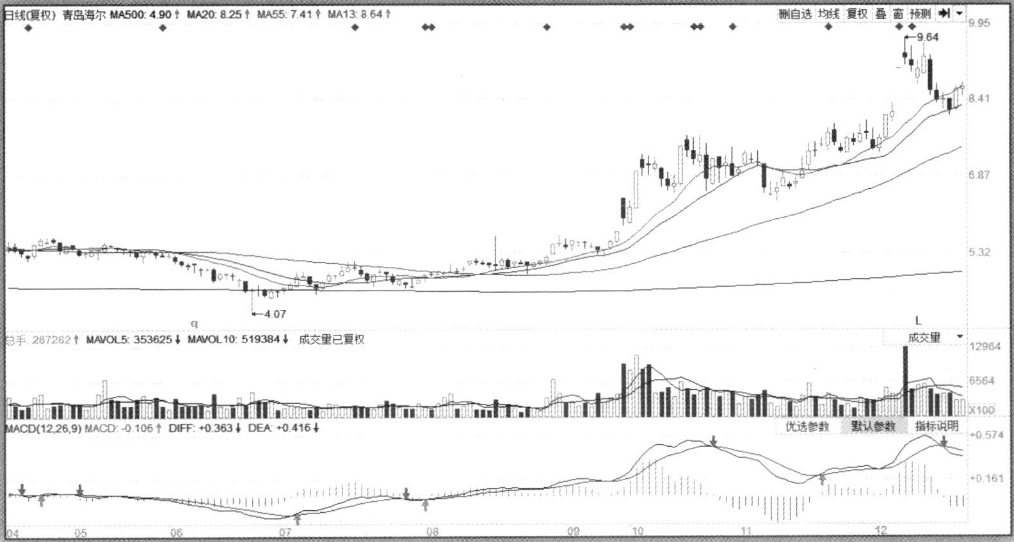

日线(复权) 青岛海尔 MA500: 4.90↑ MA20: 8.25↑ MA55: 7.41↑ MA13: 8.64↑
删自选 均线 复权 叠 窗 预测
9.95
9.64
8.41
6.87
5.32
4.07
总手 287282↑ MAVOL5: 353625↓ MAVOL10: 519384↓ 成交量已复权
成交量
12964
6564
X100
MACD(12,26,9) MACD: -0.106↑ DIFF: +0.363↓ DEA: +0.416↓
优选参数 默认参数 指标说明
+0.574
+0.161
04 05 06 07 08 09 10 11 12


4

# 形态战法四种

成氏“铁扇战法”

成氏铁扇战法，也称“三才”战法，使用天地人三条线来把握行情走势：地线为 0 ~ 15 度角线；人线为 30 ~ 45 度角线；天线为 60 ~ 85 度角线。天地人展开如一把诸葛孔明所持的鹅毛扇，故称之为“铁扇战法”，铁者有铁律之意，入场点、出场点、资金管理、止损都要遵守铁的纪律，雷打不动！

若行情用飞机起飞过程来比拟：地线表明飞机刚刚起步，在跑道上奔跑，有一点离开地面；人线表明飞机彻底离开了地面，缓慢向上飞起；天线表明飞机加速腾空已经飞到预定高度了，预示着起飞这一过程结束。

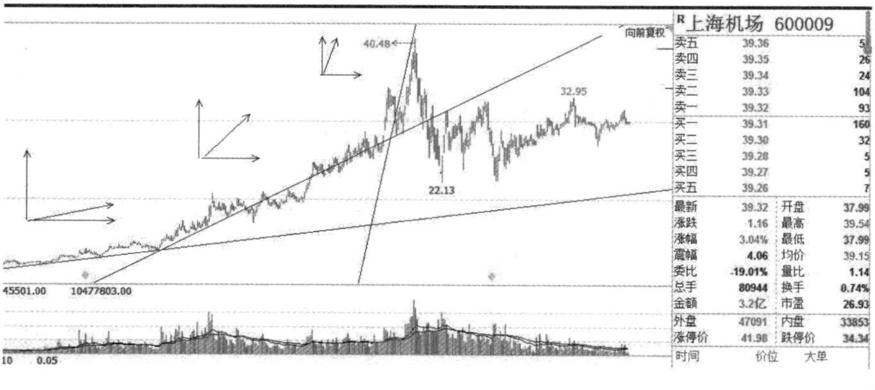


**上海机场 2014 年 6 月 ~ 2015 年 6 月走势图**

第一条线：0度至15度角。

第二条线：30度至45度角。

第三条线：60度至85度角。

1886～1996年间，美国所有4年涨15倍的大牛股，都是以30度的仰角开始启动，大飚股随后以60度的仰角开始上冲。而能够在4年中涨幅高达30倍的股票，其特点就是股价开始腾飞的启动与火箭升空无异，仰角超过80度。当年的李佛摩尔能够在伯利恒钢铁上搏击成功关键无疑就是他在等仰角超过80度的飚股的凝聚力形成。那就是他要100%地精确把握住了这个让飞机从地面能够腾空而起且不断加速上升的临界点。

对走势的预估和判断诚然重要，但是其重要性对于职业操作者来说，那只是第二等的技能。而第一等的却是耐心、学习和研究已经发生过的正确和错误。

操作体系三阶段战法

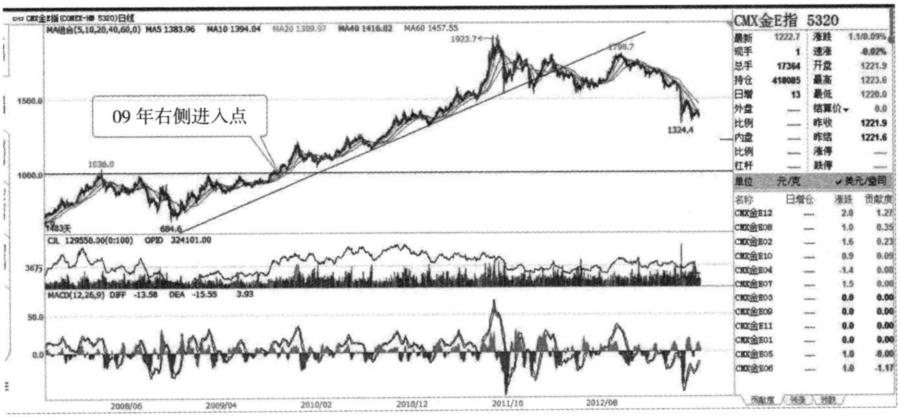

三阶段战法：

①萌芽阶段：少量仓位试探，若失败，则止损，以比较小代价出击，若趋势展开，判断正确，就进入第二步。

②展开阶段：以浮盈的利润打底来扩仓，并没有放大风险，筹码也能拿住。止盈保护点不断往上抬。

③冲刺阶段：节奏快，获利也快，急升的市场状态，有底仓和浮盈在手，若升的速度节奏有变化，或戛然而止，此时要非常敏感，就得落袋为安了。

### “守株待兔”战法

交易的最高心法就是“守株待兔”，风险是自己给的，市场没有给你风险，你的操作是稳健的，那你的收益就是稳健的。若你的操作是急躁迫切的，你的结果也是跌宕起伏的。严格制定遵照交易模式做，像一个坐享其成的人守着株，等待猎物自动到来撞死在你面前，你捡走就是了，其实大道就是这么简单，只有庸人才自扰。

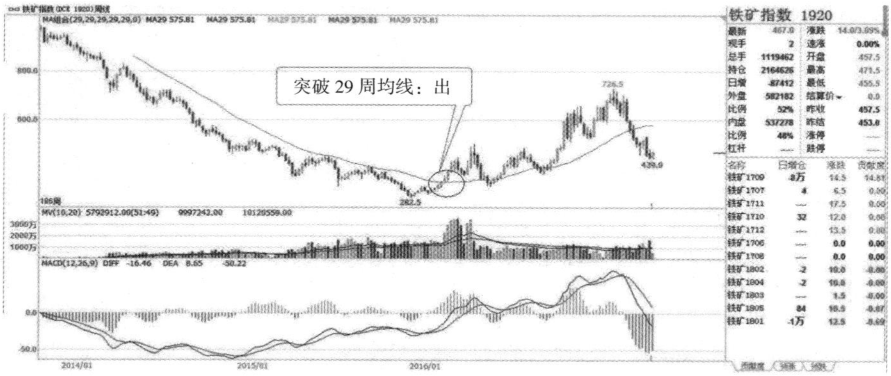

如上图，以铁矿指数周 K 线走势图中，突破 29 周均线空头离场。

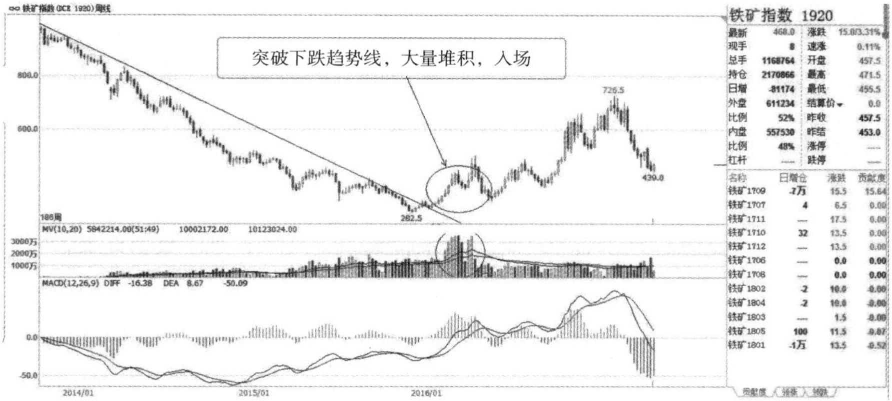


如上图，铁矿指数周 K 线，当突破下跌趋势线，加上成交量大量堆积，正是建仓区域。

### “四点突破”战法

俗话说，有再一再二，没再三再四。关键位有三次没被突破，到第四次往往被突破，即第四次到顶而向上突破，或第四次到底而向下突破。因为前三次都没突破，事不过三，最后第四次一定要有质变，若成功突破，那将是一轮凶猛的行情。就像突破敌人的阵地，连续攻击了几次，敌人顽强的抵抗，渐渐地敌人体力不支了再无力抵抗了，最后终于被攻破了，冲过去后，那将会是疯狂的肆虐。

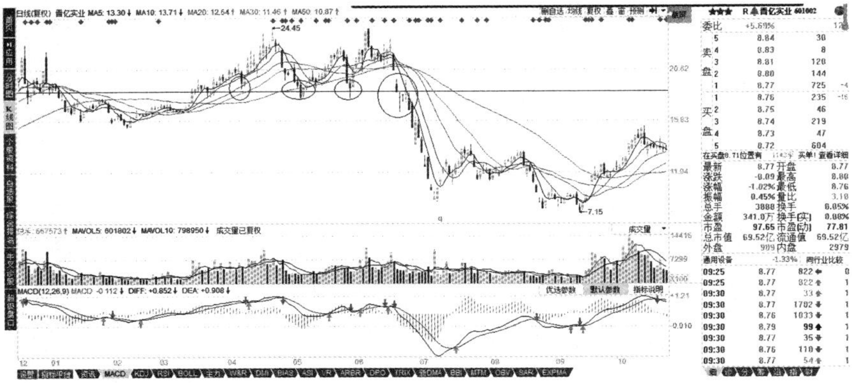

“四点突破”战法图

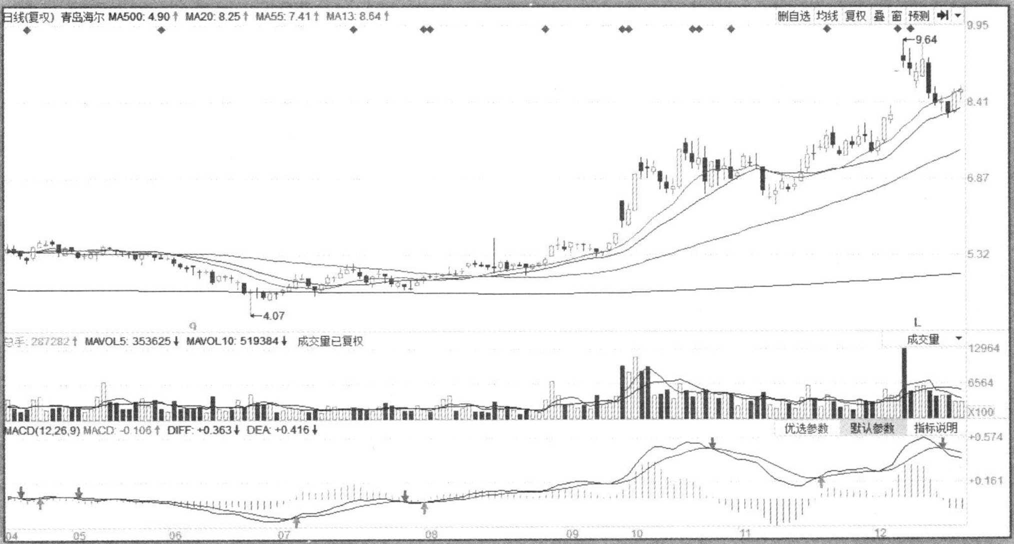


5

# 形态揭示主力运作动向

决定胜负的六大要素：量、价、线、形、位、时。这六大要素在某些微妙的时刻，都会起到关键性的作用，因此忽视任何一项要素都有可能在不经意间造成致命的伤害。

比如：在价格不断攀升的过程中，量能却在不断地萎缩，则是一种危险的警告信号。行情后期，再次出现放量拉升的过程，而此时的量虽然较之平常大，但却往往超越不了第一次的量，此时就产生了所谓的量价背离，亦即我们通常所说的“价格创出了新高，而量却没有创出新高”。那么，毫无疑问，趁着行情火热，轻轻松松地离场，不贪图最后的高点，这是最明智的选择。

期货中的“量”既有成交量也有持仓量。简单地说，就是价升量增，价跌量减。量先于价，无量则无势。量区内，看到慢慢放大的三根量柱，出现这个信号一般底部出现，不一定马上涨，要跟进。有时底部会连续出现两三组、四五组情况。

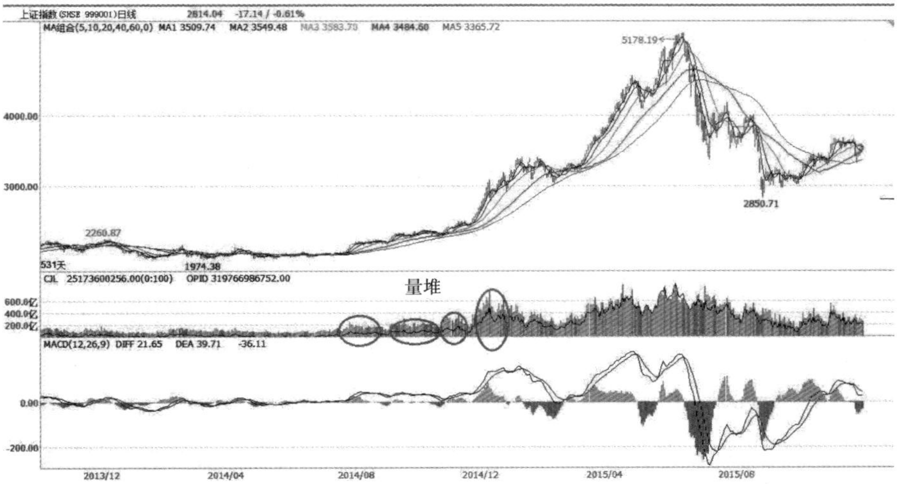


上证指数 2014 年 7 月开始量的蓄积如上图。

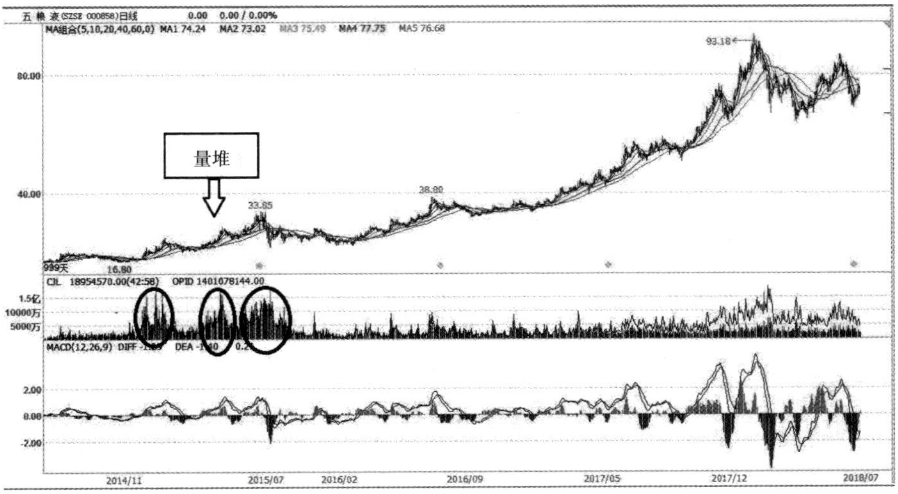


五粮液 2014 年 11 月 ~ 2015 年 11 月的量能蓄积如上图。

伊利股份 1996 ~ 2017 年的日 K 线走势（除权）图：

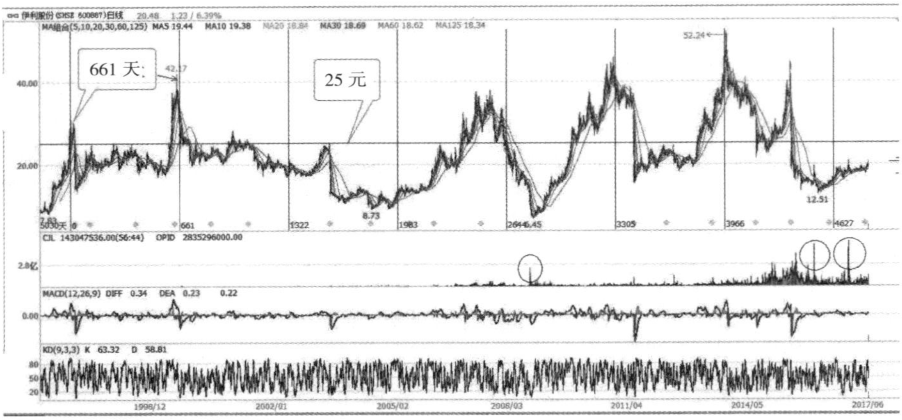


约相隔 661 天，见到一次高点，最高价平均在 40 元以上。2017 年 6 月 8 日在相对低点 20.52 元，又有大量的量堆，后市应翻倍。

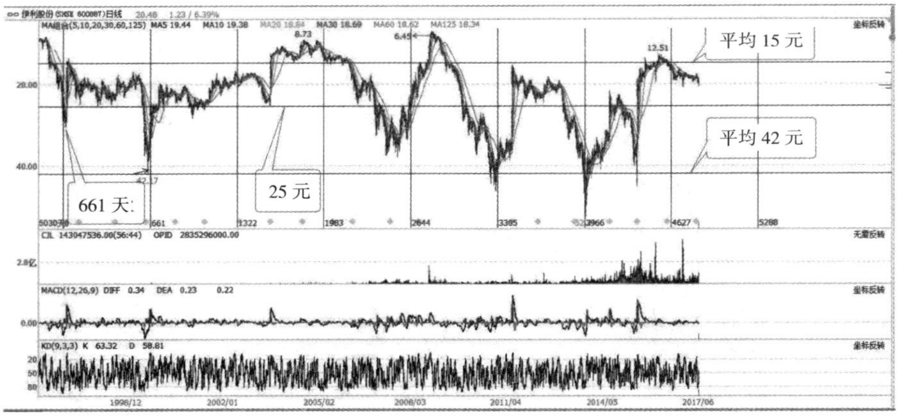


伊利股份 1996 ~ 2017 年的日 K 线走势（除权）反转图，有三个价格：15 元，25 元，42 元，是三条水平线连线上，2017 年 6 月 8 日，市盈率 22 倍。如下图：当食品饮料板块指数涨到 1773 点上，伊利股份股价涨到 25 元以上加仓。

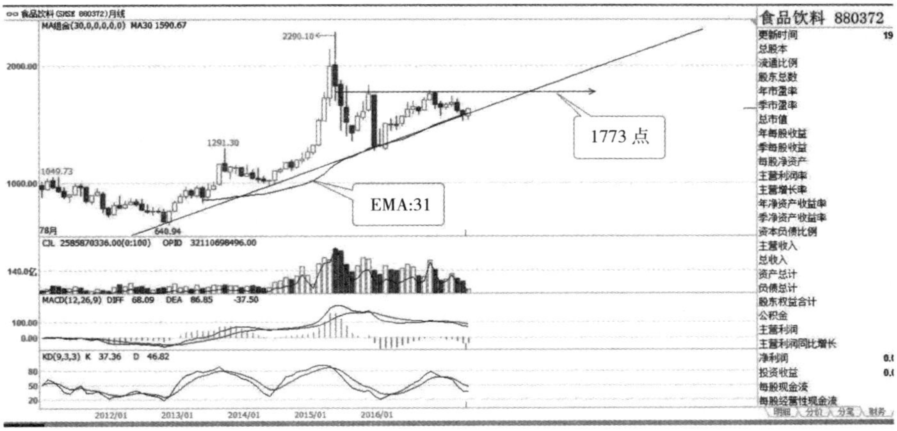


上图为食品饮料板块月 K 线图，当指数涨到 1773 点上加仓，股价在上升通道中，移动平均线 31 天上运行。

光明乳业放量大涨主力出逃

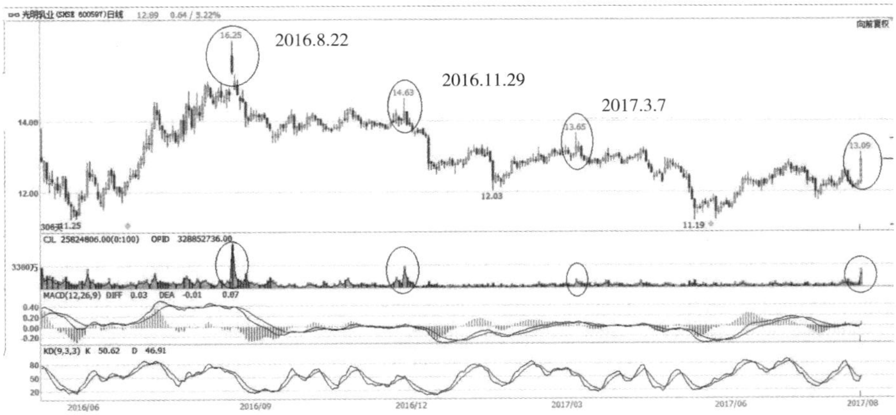


光明乳业放量大涨主力出逃在 2016 年 8 月 22 日、2016 年 11 月 29 日、2017 年 3 月 7 日、2017 年 8 月 9 日的分时图参考图示如下：

光明乳业在 2016 年 8 月 22 日分时图

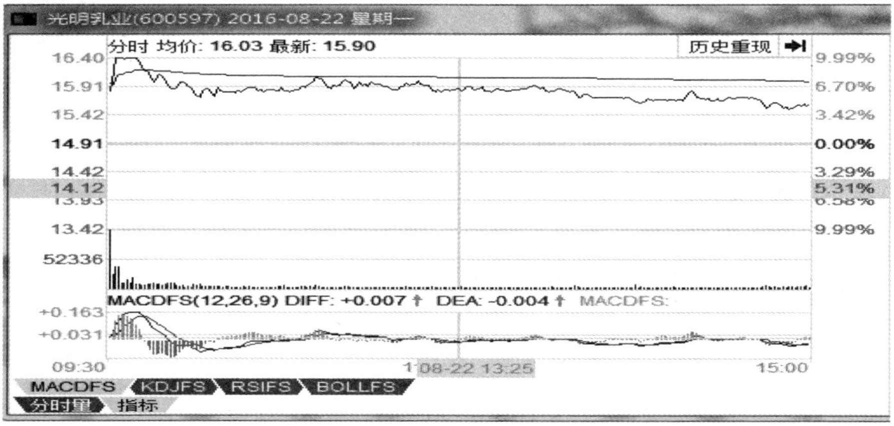


光明乳业在 2016 年 11 月 29 日分时图

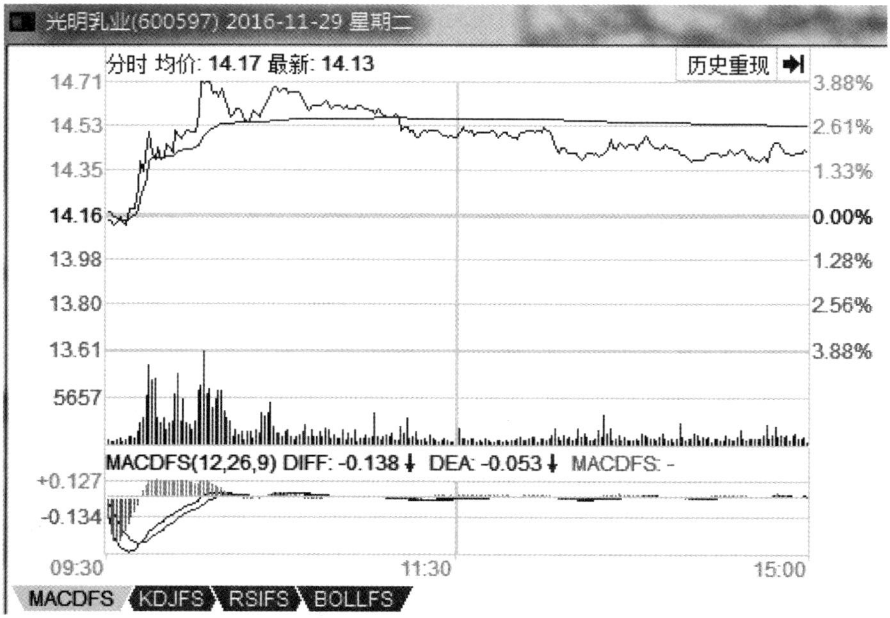

光明乳业在 2017 年 3 月 7 日分时图

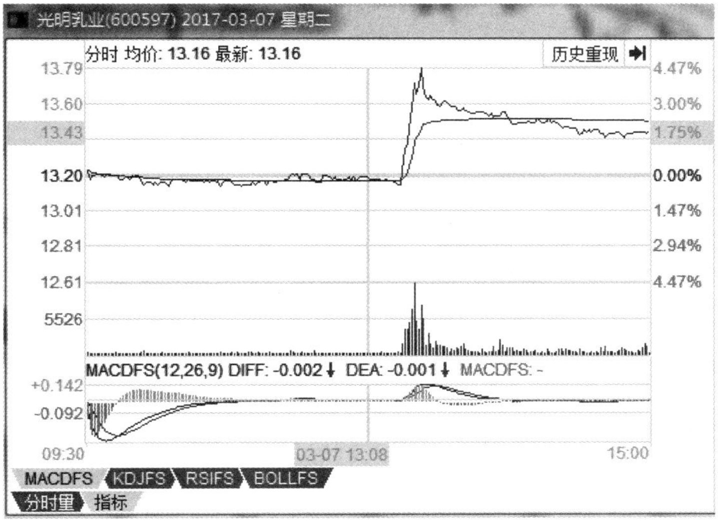


光明乳业在 2017 年 8 月 9 日分时图

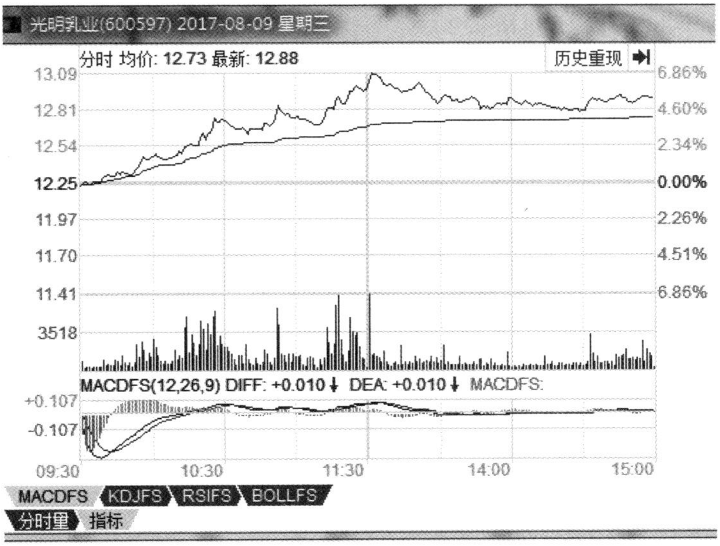

光明乳业2013年1月28日入场点开始，股票从7.99元涨到2013年10月14日的25.35元，而这一时期大盘一直走熊。

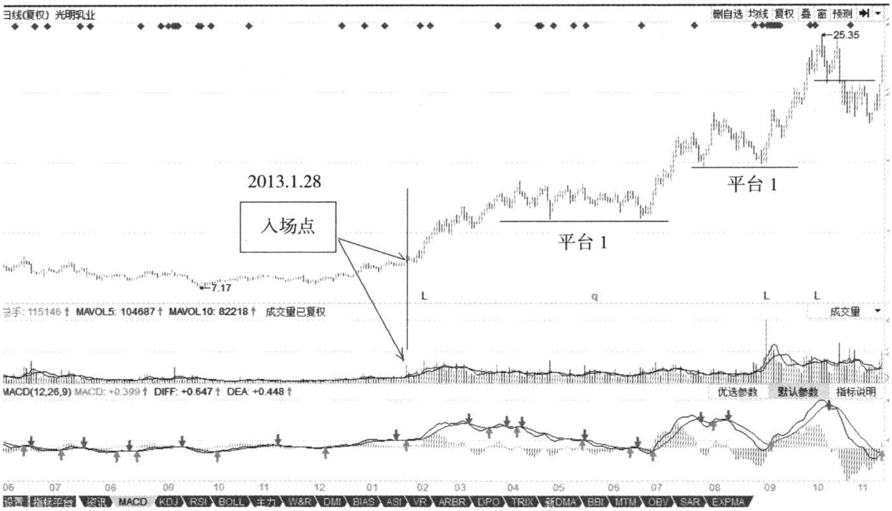


多方共振下的价格分析

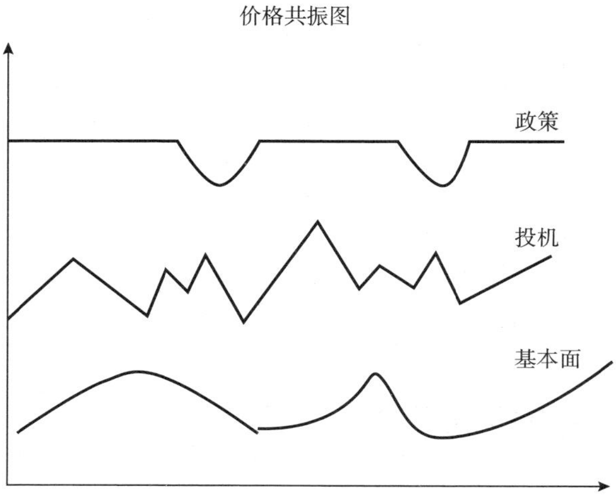

价格可由多方面研究来分析，从政策分析、技术投机、基本面分析，共振向好可以操作，否则休息或谨慎小心。

### 套利一般看多大级别的 K 线图

其实套利波动相对单边来说，肯定是比较缓慢的。所以你看一分钟周期肯定太短了，无论是做哪一个跨期的，一般短线来说的话，至少在五分钟以上级别，五分钟十五分钟三十分钟的都可以。最低应该是五分钟起步，他不像单边那样能秒进秒出的，由于流动性问题，你可能三分钟、五分钟才出来。至于看多大级别的 K 线关键是你当前关注的合约之间的价差波动的幅度，这个波动的幅度你看是用五分钟十五分钟或者三十分钟哪一个更能反映当前这个品种的价差波动的幅度和趋势，然后就用哪一个级别的 K 线图，或者组合使用都可以。

我做这么多品种也不一定就是说一定会用几分钟的，更多时候都是几个级别交叉使用。你像 AP 看 5 分钟 K 线图就可以，豆粕 30 分钟或者 60 分钟的，我更多是组合使用。短线操作的话，很多时候没有那么复杂，有些时候就是盘感，分析太多反而束手束脚。短期的这个价差 K 线图够用了。

### 主力资金的成本计算

行情放量启动点的价格，加上上涨的这一轮的顶点价格，总和除以 2 就是主力的成本。如下图：

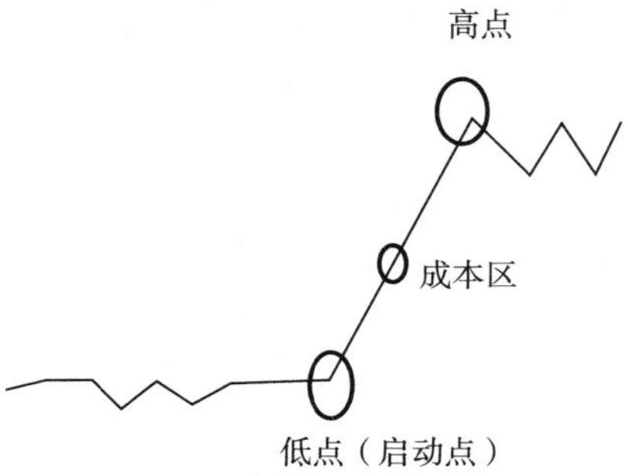


（高点 + 低点）/2= 成本，注意成本上涨一倍以下主力是不赚钱的。必须建仓、洗盘、拉高、出货这四步，才能完成主力盈利目的。

## 500 天均线看大势

看 500 天均线上持有股票，简称“炒股一根筋”。

如下图，上证指数 1990 年 12 月至 2017 年 6 月的走势图。用 500 天均线来指导大势在底部盘整状况，有积极的参考价值。

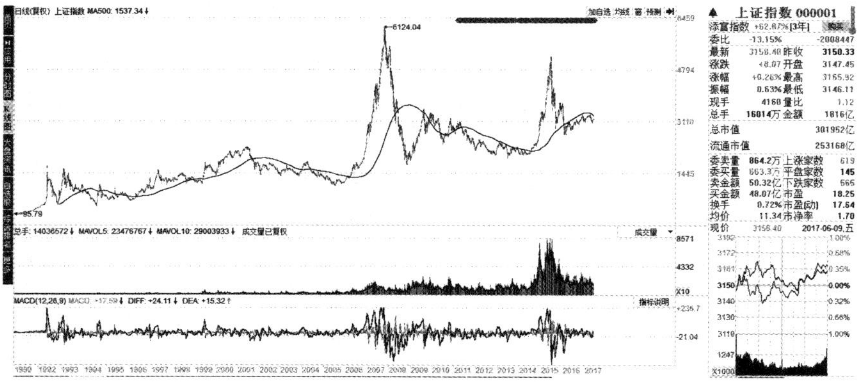


如下图，伊利股份从 2005 年到 2017 年 6 月的走势图，500 均线上是持有股票。

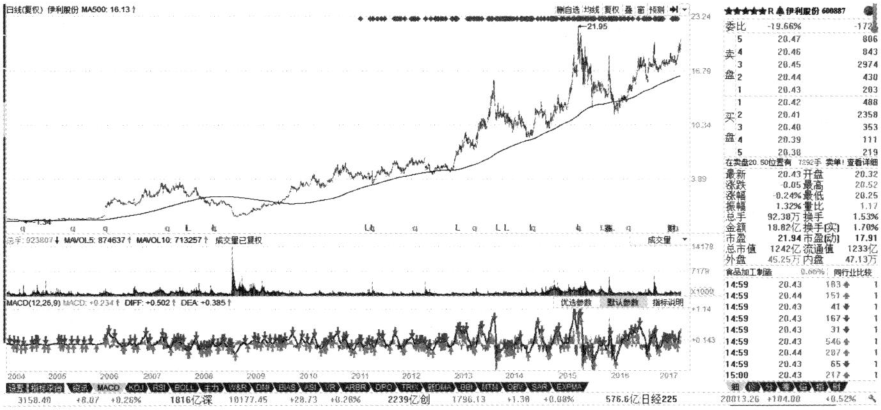

如果背离较大时，可以考虑卖出，等回到500天均线时再买入。来回做差价，但入场时要参考量和形态、市盈率、基本面等因素。如果不参考，那做好止损的情况下，用此“一根筋”来贯穿整个操作也是可以的。

## 高射炮的最后疯狂

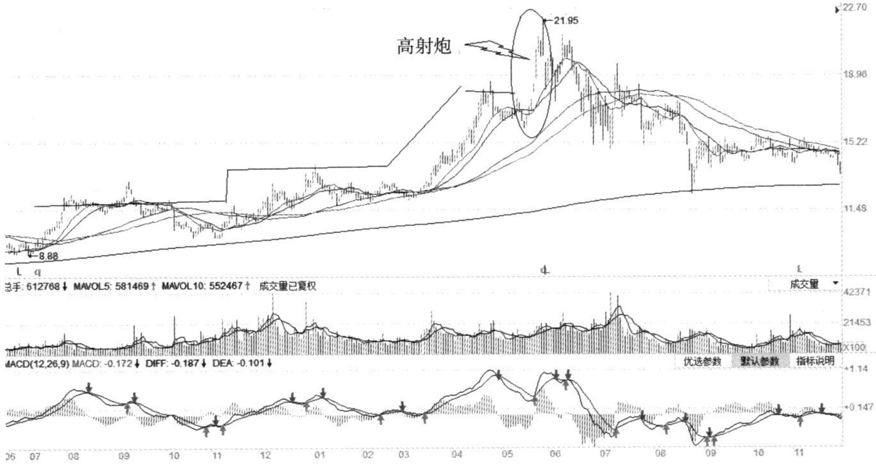

当走高射炮行情的时候，就是物极必反的时候，就是最后的疯狂，就是高潮来到，大势已去，要回归本源，哪来到哪去，急涨急跌，调整开始了。

启动是靠量堆的能量

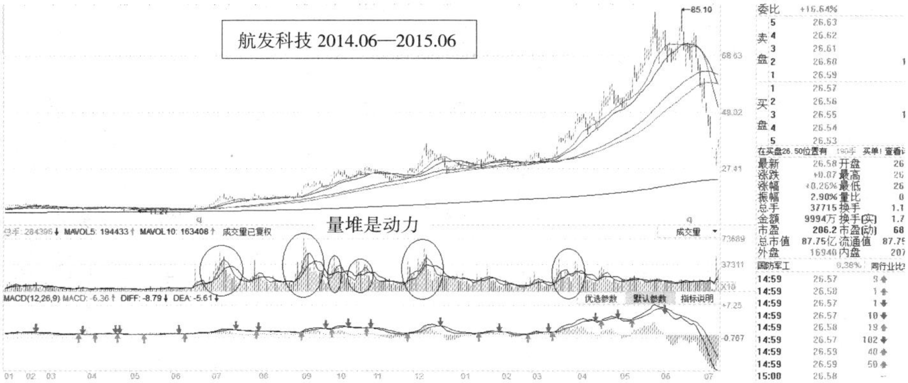


量堆的形成，如果是一波一波的，这就是主力的布局，一旦发动就是大的行情，如上图，盘整、慢坡向上移动将近一年，到最后50多天，股价从30元涨到85元。

主力非常规洗盘形态

亿安科技（神州高铁）洗盘突破一气呵成：

1998年12月16日，突然跳水三天，是主力洗盘，在1998年1月18日，几乎涨停板拉升突破前期平台高点。

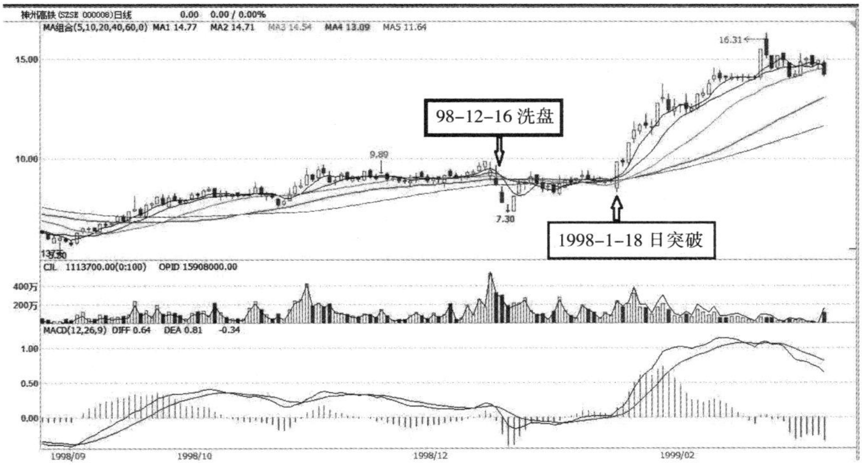


机构出货方式之跌停板出货

深赛格跌停板出货如下图：

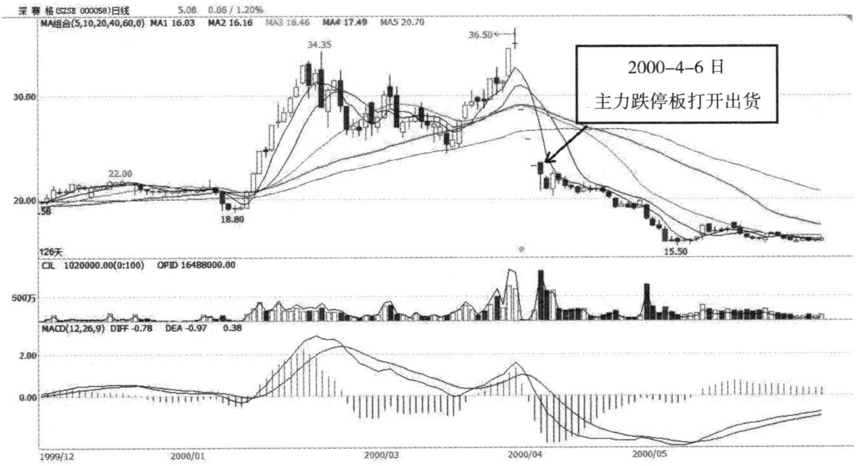


2000 年 4 月 6 日，机构庄家在跌停板出货。此时成交量放出天量，随后股价一路下降。主力借助高配股概念出货，把股价拉升到一定高度，然后高配股，然后，利好兑现，股价下跌，在跌停板打开，大家以为放量要反弹抢筹码之时，庄家借机完成出货。

深安达（国农科技）跌停板出货如下图：

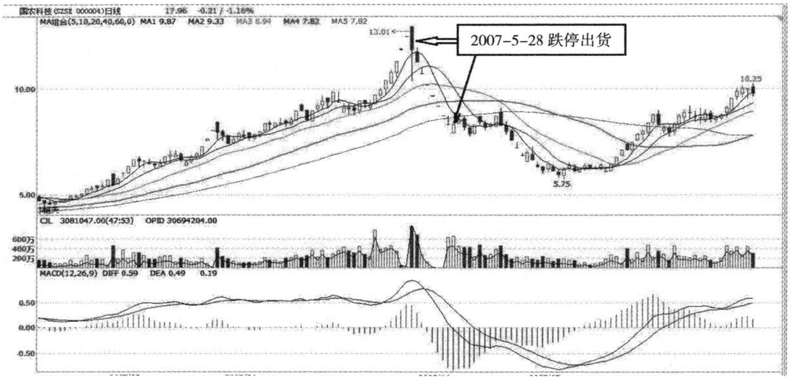


2007-5-28 庄家手法跌停出货，股价一路下滑，三年都没回到此高点。

深安达（国农科技）2000 年 8 月 30 日涨停板变跌停板天量天价庄家出货如下图：

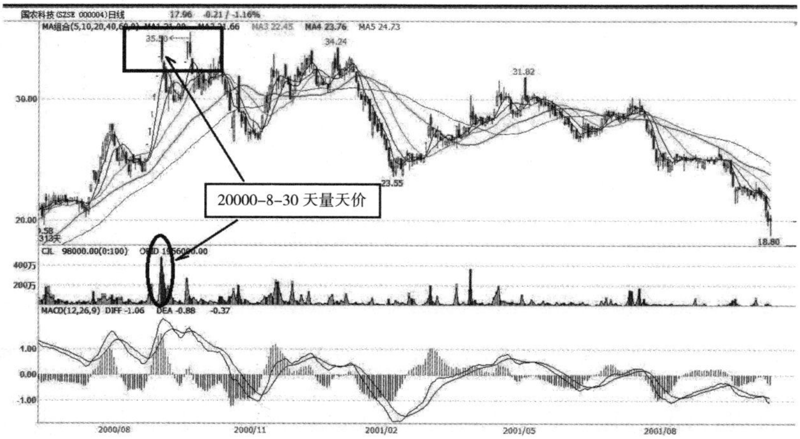

大连重工 2011 年 4 月 21 日天量天价结合高配股消息庄家出货如下图：

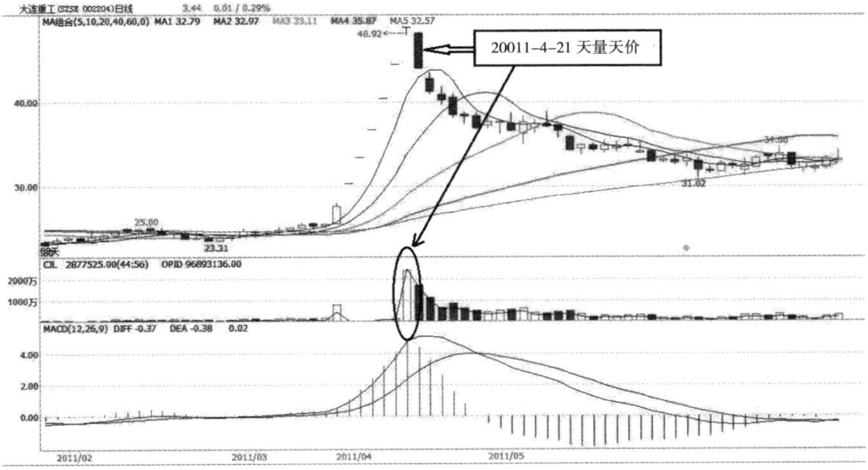

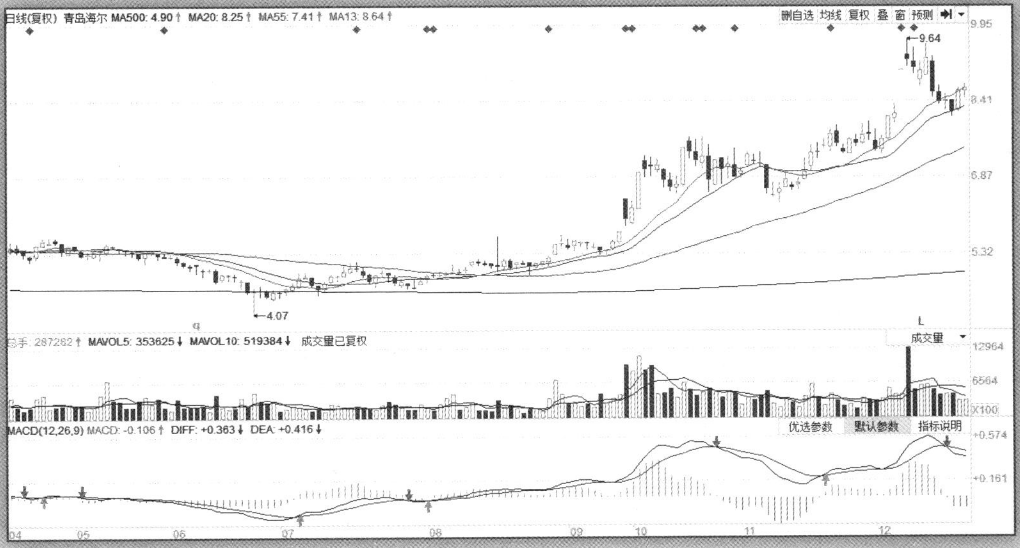


6

# 形态在实战交易中的运用

强弱转化看缺口

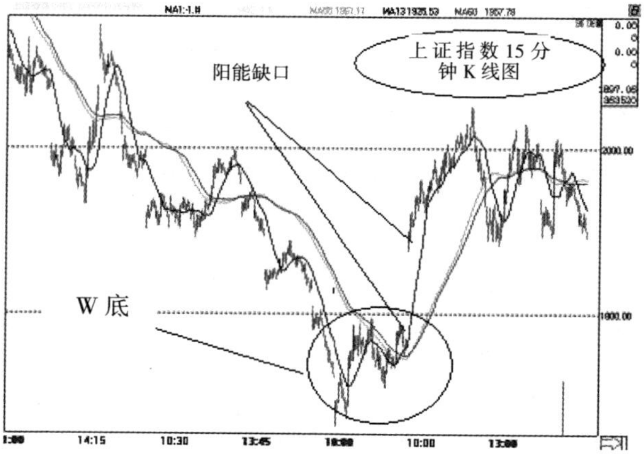


死叉、金叉

死叉：天在上，地在下，为天地否卦。凸形。

金叉：地在上，天在下，地天泰卦。凹形。

若 MACD 死叉，移动平均线也是死叉，（即 1 + 1 理论）则主跌。

MACD 有两个死叉，主跌。

移动平均线有两个死叉，主跌。

## 久盘必跌，平头理论

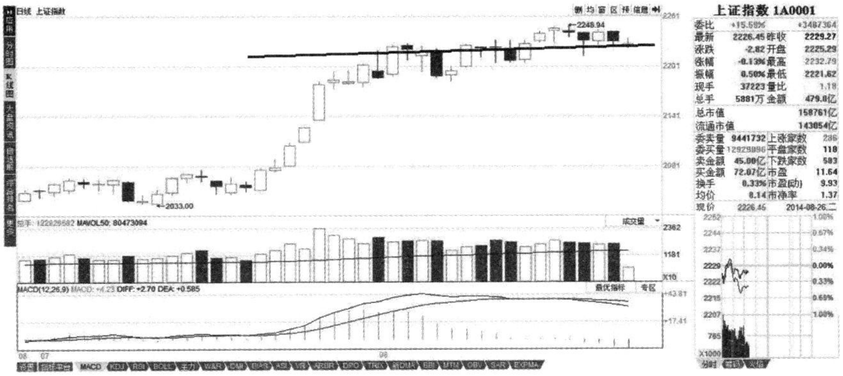


如上图：上证指数 2014 年 8 月期间久盘必跌。MACD 死叉。

## 平台破位出大底

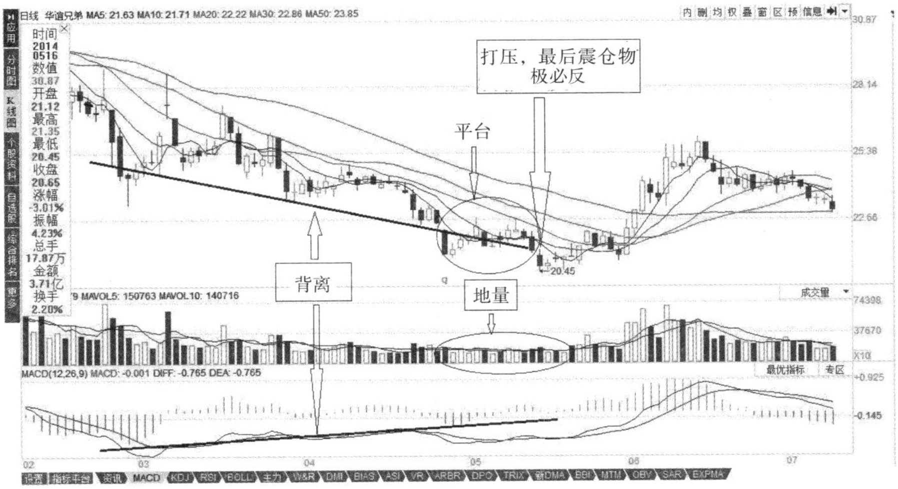


平台向下突破见大底的特征：

①离大平台前一个高点，下跌不要太多，一般跌 10% ~ 35% 左右。

②阴线阳线差不多，缩量至地量，说明没人卖了。

③破平台是阴线放量，放量的阴线为中阴线。

④日线 MACD 背离。

## 周线 KDJ 背离加 MACD 死叉

有时候，KDJ 的价值更突出，比如焦炭周线走势图，背离明显，而 MACD 背离不明显。如下图：

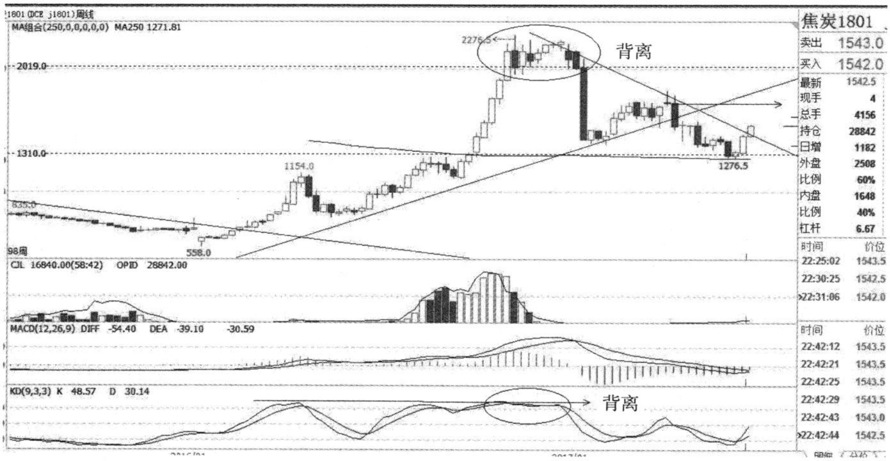


## 趋势线突破后，反复洗盘后入场

下图是焦炭月K线走势图，在突破下降趋势线后，反复洗盘后入场，是大势所趋，箭在弦上，方有绝对收益。

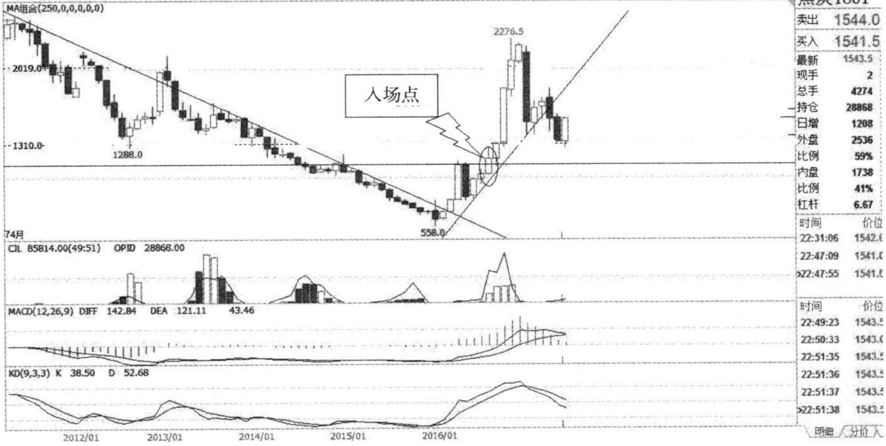


底部量堆出现三次是入场点

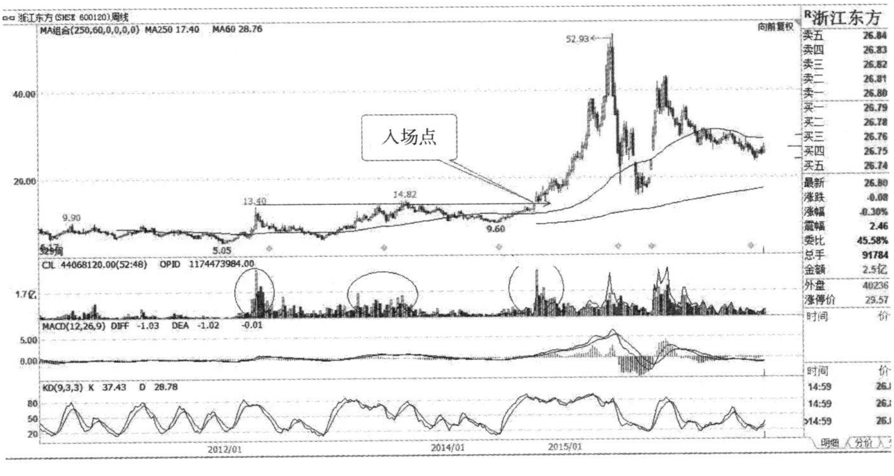


上图为浙江东方的周 K 线走势图，2012 年 4、5 月放出量堆，这之前有 5 年都不曾有过表现，这是难得的主力建仓起步阶段，2013 年 3 月至 8 月第二次放出量堆，2014 年 10 月当第三次放出量堆时，股

票也突破了前期的高点，主力开始起飞，果然，股价从15元一下涨到52元，用时35周时间。持股时间8个多月。

螺旋式前进

如下图，沪深300指数从2016年2月29日2821低点到2017年6月27日3676.53点的日K线走势图。股指始终在上下轨道之间运行，此时的操作手法是在轨道的下轨买入，有效跌破下轨后止损，有效突破上轨时加仓，如果触及到上轨后反转则减仓，若形成下跌趋势则卖出，空仓以等待其调整。

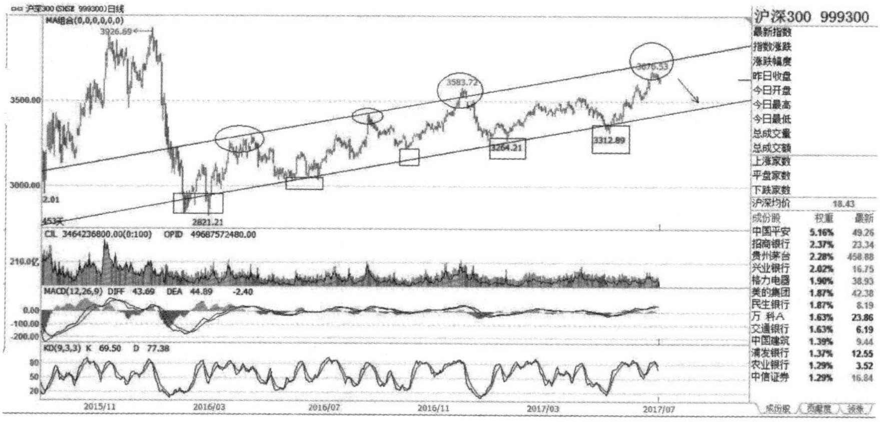

下图为沪深300指数从2009年8月4日3803点到2014年7月28日2323点的日K线走势图。股指始终在下降的轨道之间运行，运行时间长达5年，直到2014年7月28日，上轨被突破，才迎来了一轮疯狂的上涨行情。

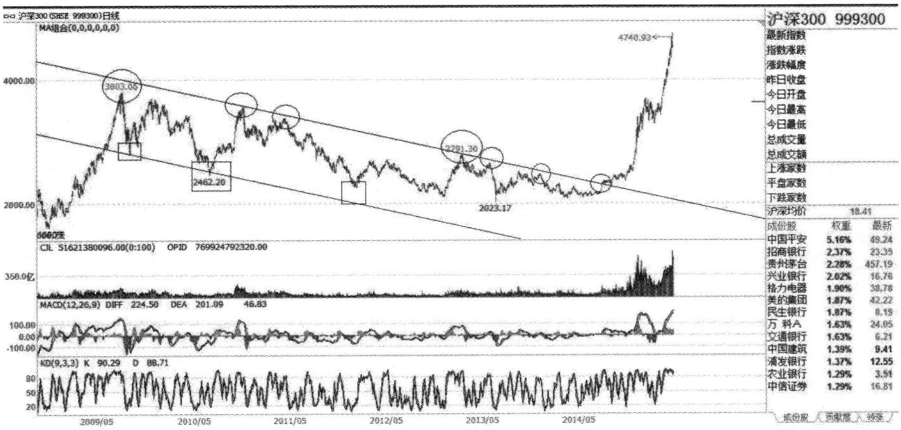


形态反映事件

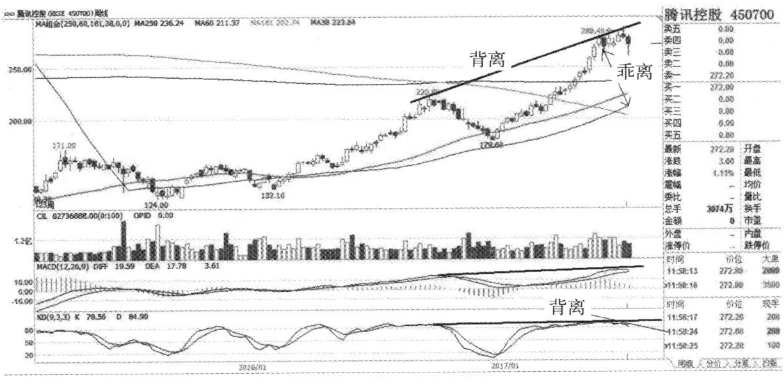


上图是腾讯控股周K线走势图，乖离和背离已经表明股价在高处了。MACD和KDJ都产生了背离，股价此时的乖离又突出，时刻预示着要调整了。

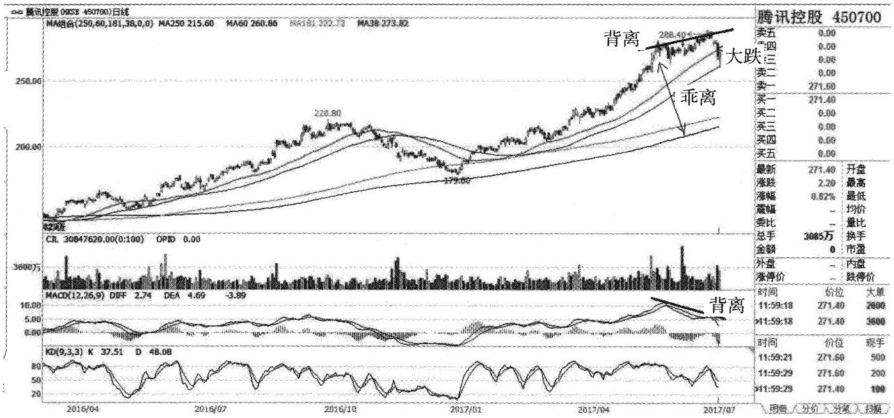


上图是腾讯控股日 K 线走势图，乖离和背离突出。MACD 背离明显，预示着要调整了。2017 年 7 月 4 日，腾讯控股股价大幅下跌，截至收盘，跌 4.13%，报 269.2 元，领跌蓝筹，成交 106.19 亿港元，市值蒸发 1118 亿港元。诱发事件为人民网发布题为“《王者荣耀》，是娱乐大众还是‘陷害’人生”的观点文章称，作为游戏，《王者荣耀》是成功的，而面向社会，它却不断在释放负能量，“这种负面影响如果以各种方式施加于未成年的孩子身上，就该尽早遏制”。文章表示，“王者荣耀”游戏内容架空和虚构历史，扭曲价值观和历史观，过度沉溺让孩子在精神与身体上被过度消耗。对于游戏平台而言，要市场更要责任，“如果一款游戏埋藏了‘魔鬼的种子’，那么一旦推向市场，就会害人害己。”

形态反映一切，从技术形态上早有表征，事件的发生是必然的。

### 上轨是风险区域

上升轨道的上轨是股票阶段性高点，在这里操作要谨慎，不要轻易加仓，除非是有效突破上轨，并且有大盘、所在板块上涨趋势的配合，才可以加仓。否则，就要减仓，并注意风险。

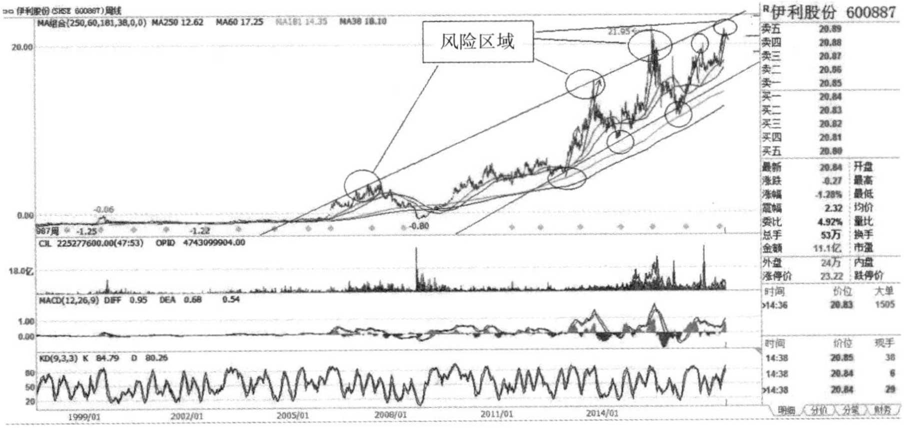


## 十字星 K 线的阴阳对比

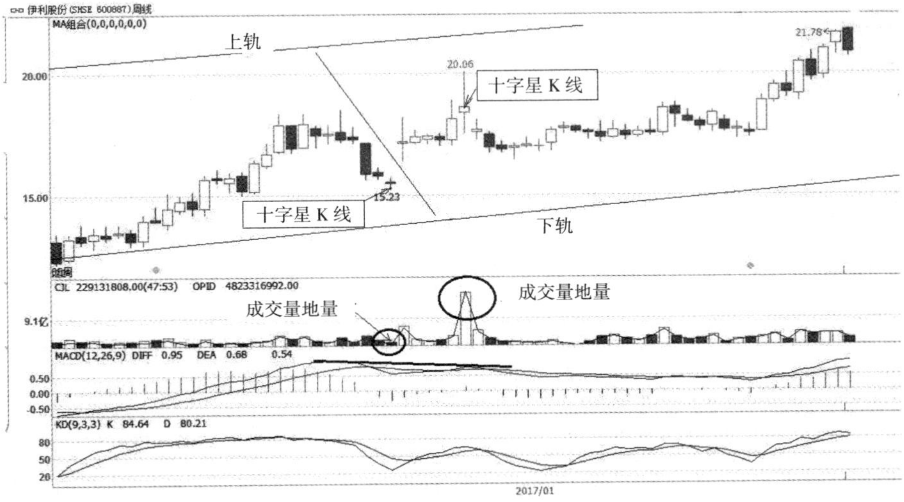

上图为伊利股份周K线的走势图。2016年9月14日周K十字星阴线，下跌能量衰竭，下跌至下轨区域，股价低点为15.23元，成交量地量；2016年12月2日周十字星K阳线，上涨到上轨区域，股价高点为20.06元，成交量天量，天量配天价，在此时为物极必反之时，应见好就收，获利了结，否则，要到半年后股价才又涨回来。可见，货币成本和使用效率就是靠技术来把控的。

下降轨道的上涨能量蓄积

下图为沪深300指数2009年9月1日至2014年7月28日的日K线走势图，2012年12月4日起，股价底部就在持平和慢慢的抬高，始终远离下轨，和上轨亲近粘合，这预示着股市正在蕴育上涨的动能，终于在2014年股价有效突破上轨时，迎来了一轮大涨行情。

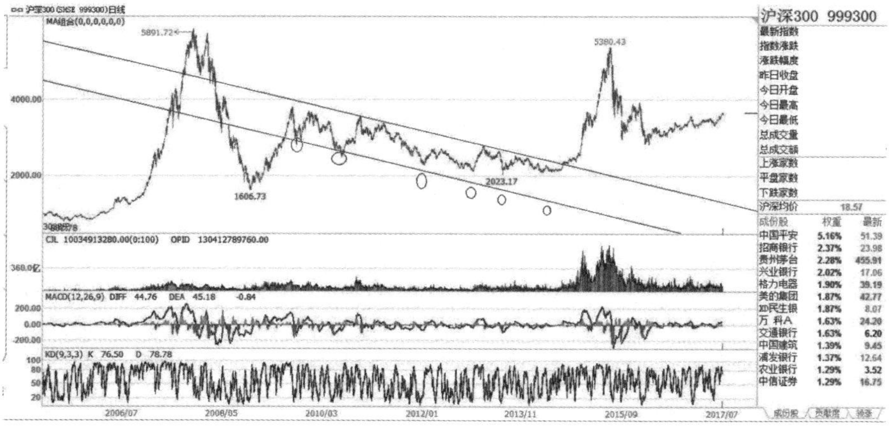


上轨代表的阳能蓄积，下轨代表的是阴能蓄积，当股价远离下轨，在上轨区域运行，则是阳的动能即上涨的动能在蓄积。

2018-6-5 棉花跌停前 30 分钟的 K 线征象

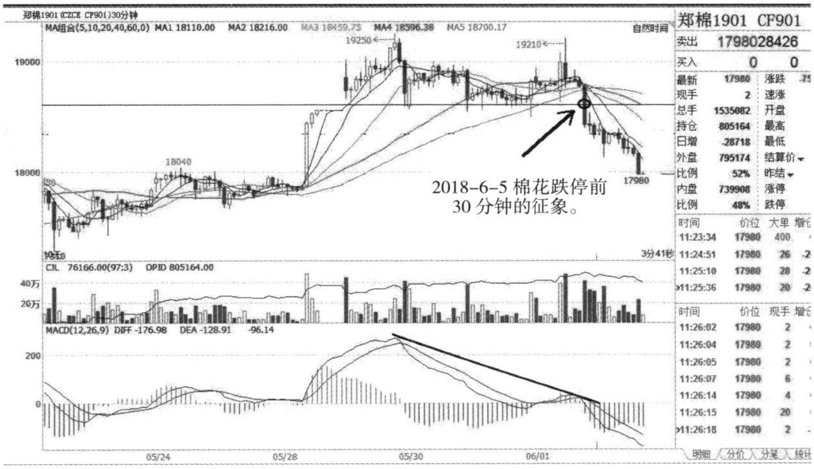


从图上看出，30 分钟 K 线突破了支撑平台，然后一发不可收，直至跌停。

见顶大阴线

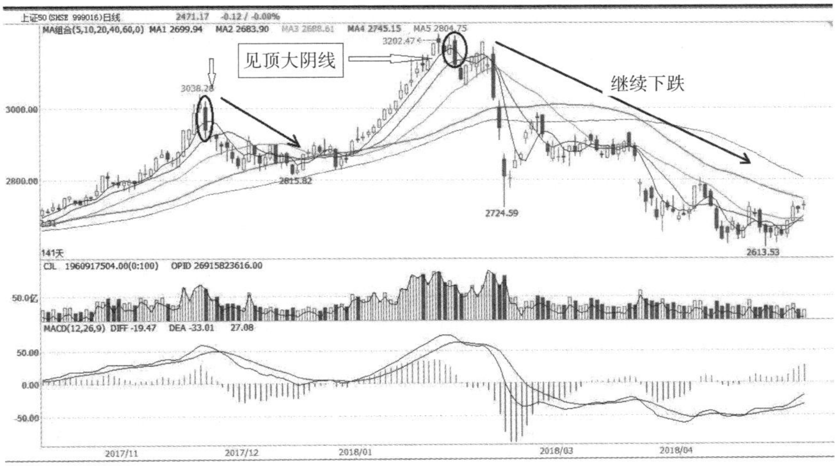

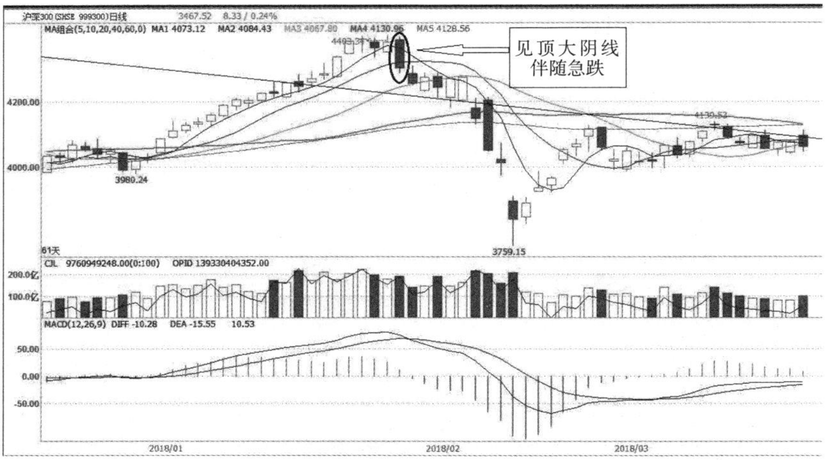


## 急涨急跌形态

急涨急跌，往往相伴，依据就是物极必反的道理。

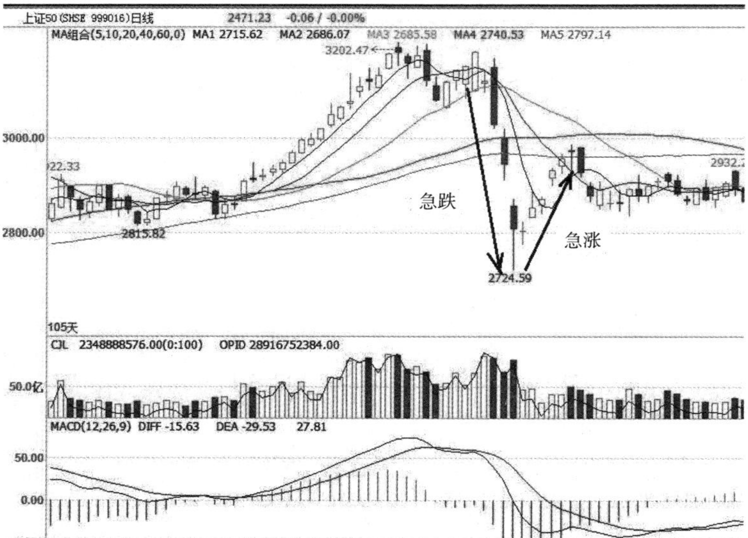

## 突破看涨大阳线

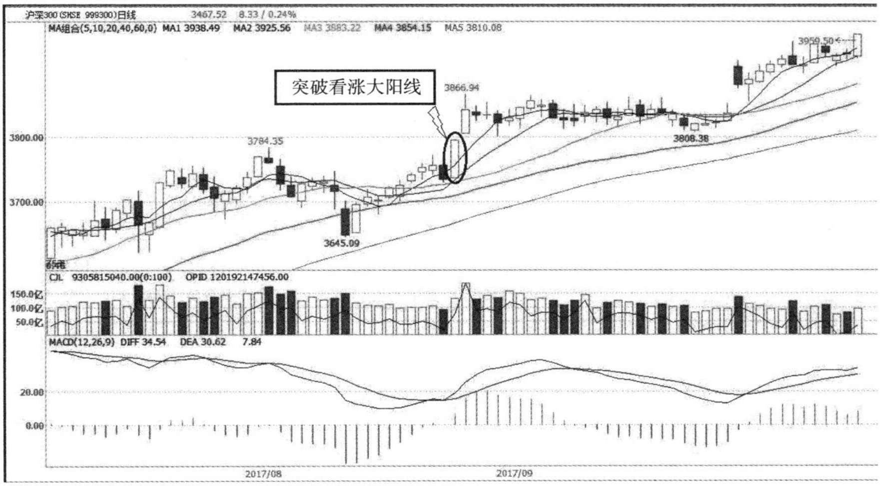


## 光头光脚大阴线

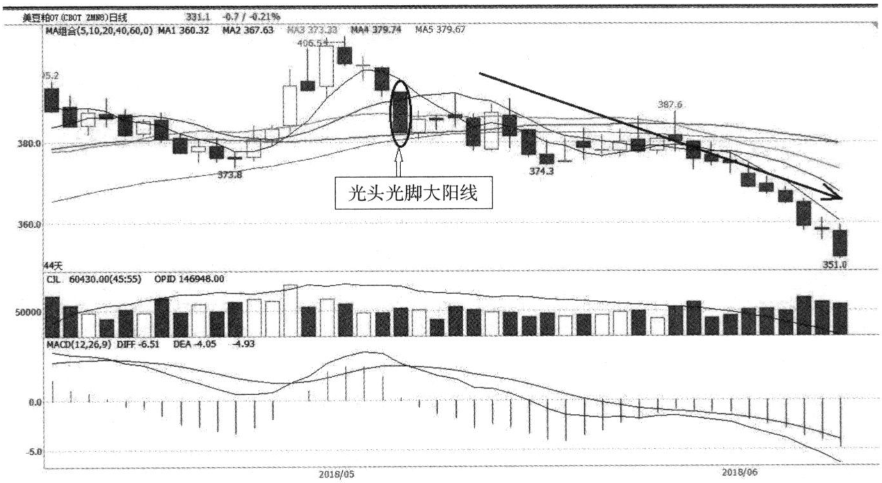

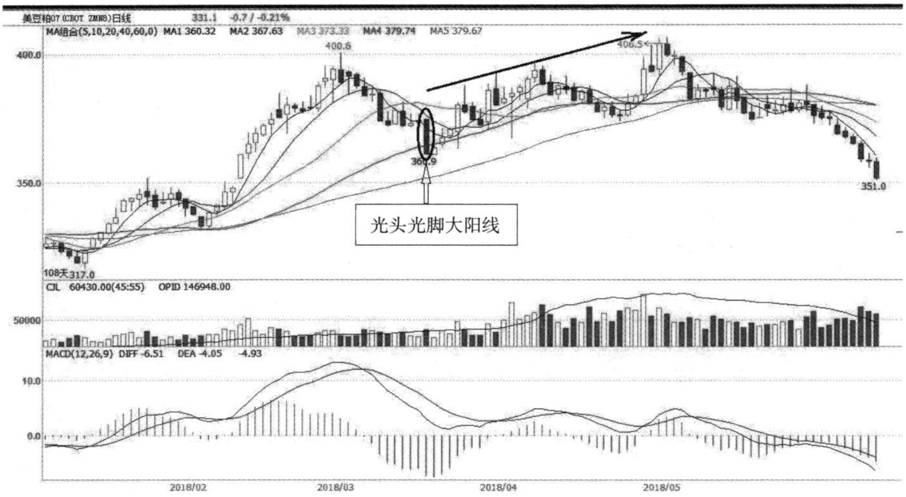
美豆粕07(CBOT ZMN8)日线 331.1 -0.7 / -0.21%
MA组合(5,10,20,40,60,0) MA1 360.32 MA2 367.63 MA3 373.33 MA4 379.74 MA5 379.67
400.6
406.5
360.9
351.0
光头光脚大阳线
108天 317.0
CJL 60430.00(45:55) OPID 146948.00
MACD(12,26,9) DIFF -6.51 DEA -4.05 -4.93
2018/02
2018/03
2018/04
2018/05

突破上涨大阳线

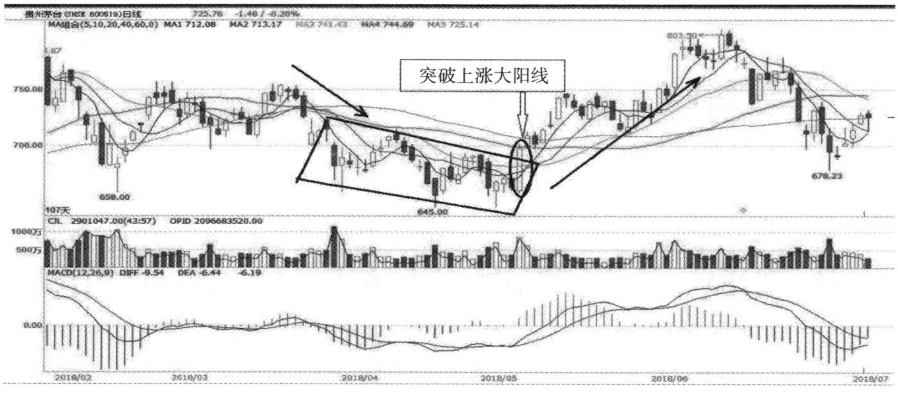
突破上涨大阳线
658.00
645.00
803.50
678.23
2018/02
2018/03
2018/04
2018/05
2018/06
2018/07

突破下跌大阴线

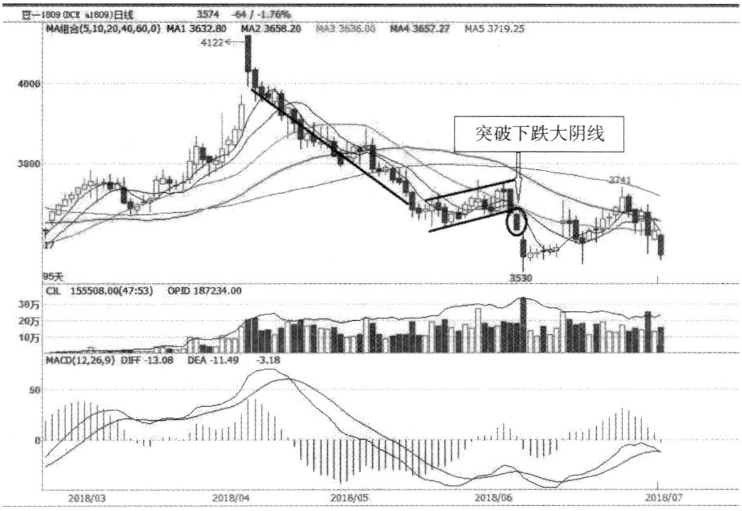


"吞没K线+下影线探底"，后边有行情

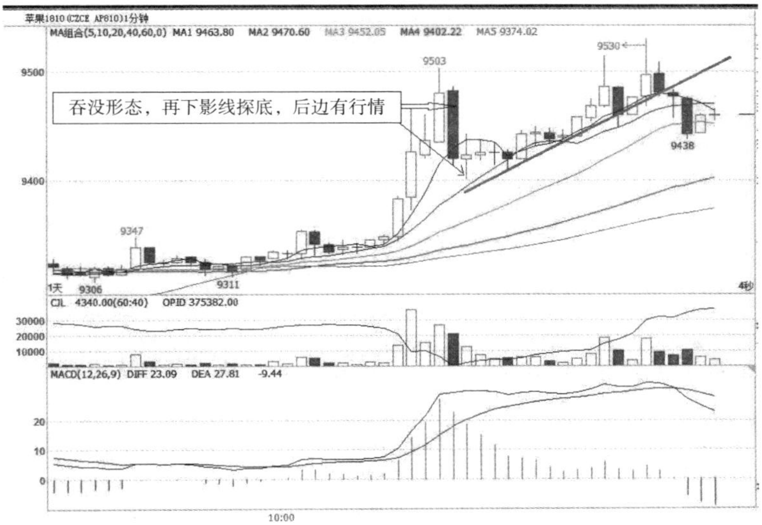

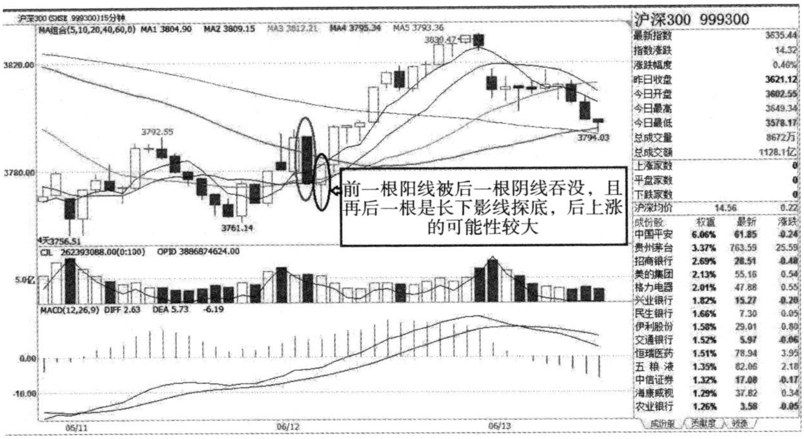


前一根阳线被阴线吞没且后一根 K 线有上影线探顶，此后下跌的可能性较大。下图为沪深 300 指数 4 月 24 日 30 分钟 K 线出现的征象。

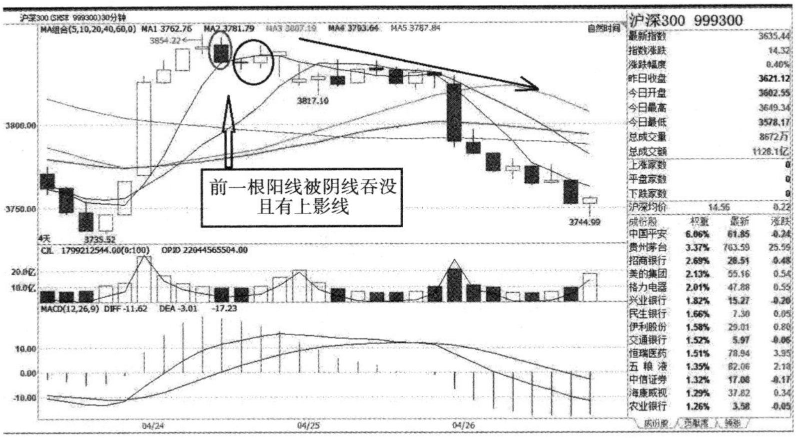


沪深 300 指数 2018 年 1 月 26 日 K 线前一根阳线被阴线吞没且后一根 K 线有上影线探顶，后下跌的可能性较大。

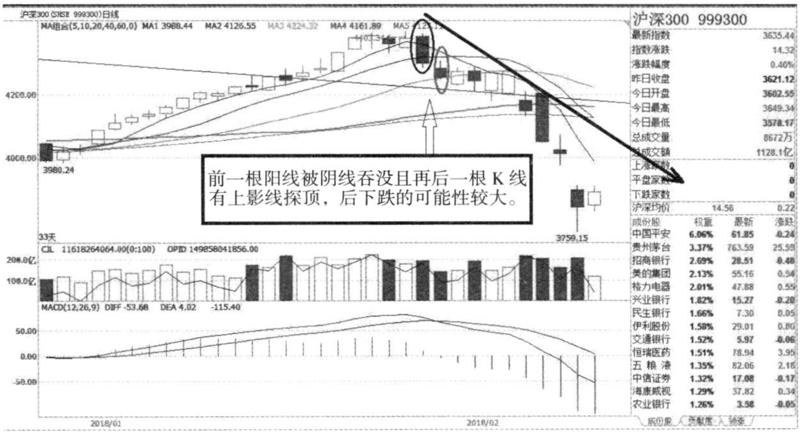


放量吞没的重要性

由于吞没了前边的K线，虽然K线实体较长但未带量吞没，第二天又反被吞没。

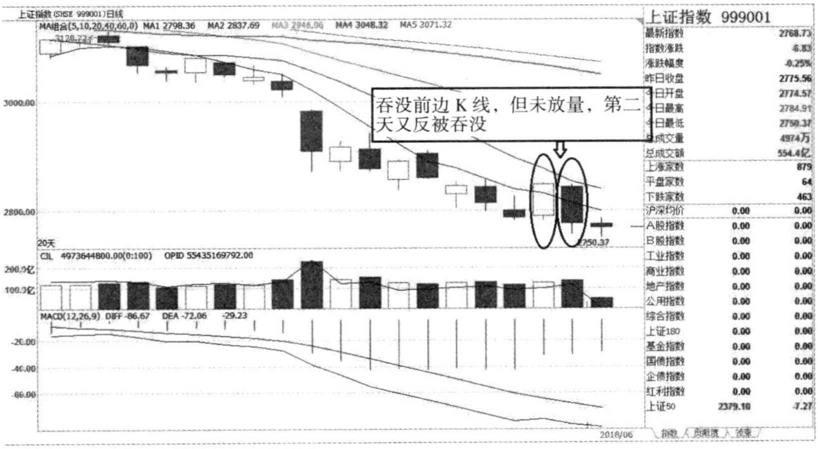

## 盈利尽量从头拿到尾

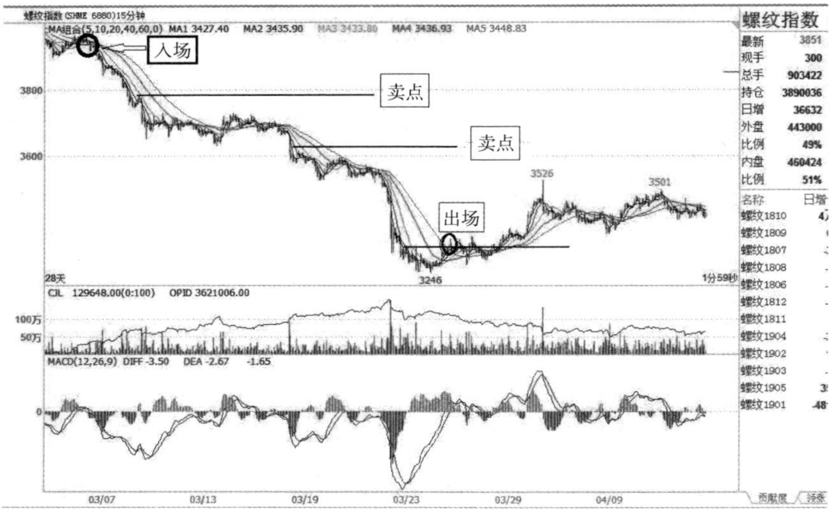


上图是螺纹指数 15 分钟 K 线图。2018 年 3 月 7 日，螺纹钢入场，中间两次没有触及卖点，就一直持有，直到 3 月 27 日才出场了结。

## 背离使用注意事项

贵州茅台 2018 年 1 月 19 日至 6 月 22 日，从周线图看顶背离明显，紧接着开始下跌走势。

均线背离现象它对于判断底部和顶部很有帮助，能使投资者准确把握短线机会。

在均线背离发生后，判断短期的底和顶时应当注意：价格走势必须出现剧烈震荡的情况下才可靠。如果在均线发生背离后，价格走势并没有出现剧烈的震荡，而是出现强势盘整或者下跌抵抗的情况下，表明市场并不理会均线背离，原有的上涨或下跌状态仍将持续。

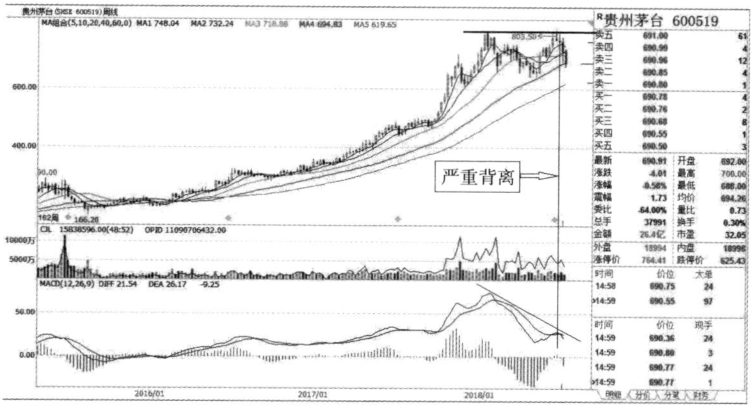


均线背离技术只适用于一般状态下的市场，当市场进入“极强”或“极弱”状态时，应当运用其他指标理论来判断大势。

### 顶背离加十字星的K线组合

2018年6月19日，苹果1810合约，出现顶背离加十字星的K线组合，十字星代表多空能量平衡，双方争斗处于胶着状态，此时的顶背离奠定了下跌能量趋势。结果，20日、21日累计跌幅近8%，若十倍的杠杆，这两天本金损失近八成。如下图：

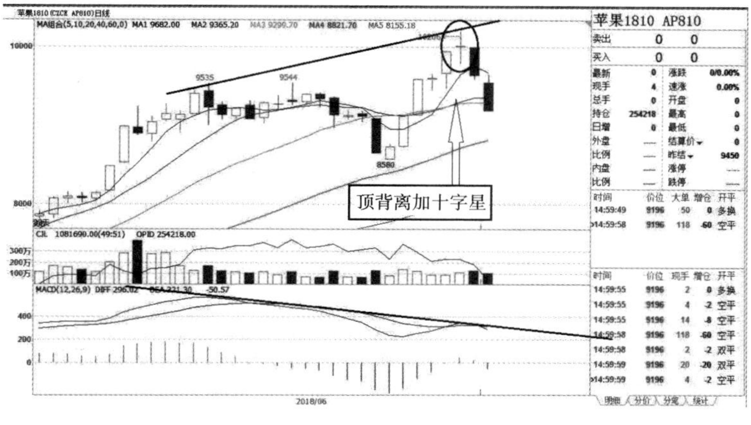

### 跳空过前期高点开盘价为入场点

如下图，棉花期货 5 分钟 K 线确定入场点。

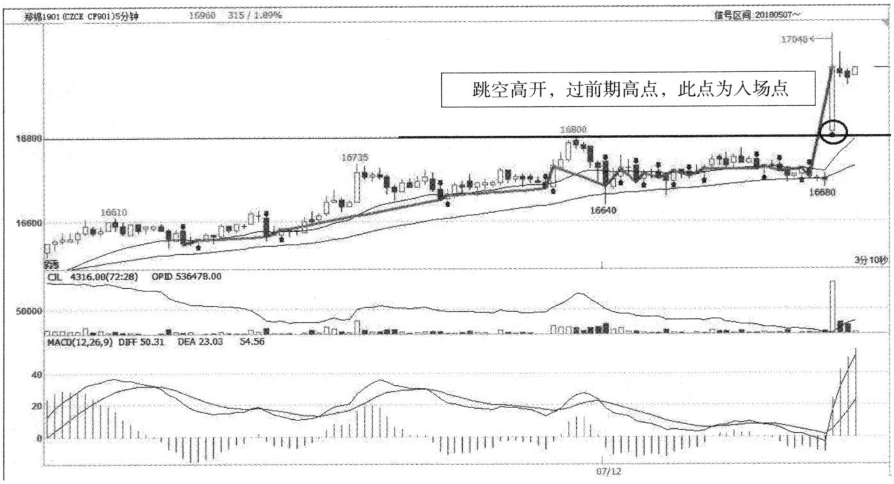


成交量是近期的天量，跳空过前期高点，高开高走收阳线，此时不要踌躇不前，要果断入场。而不用理会 MACD 的背离等现象。如果有基本面的配合，更是确定性机会，不可贻误战机。

### 机构筹码收集不够，底部量能区会有连续放量

当资金一旦选择好了进攻的标的物，筹码收集的不够时，不会首先体现在价格上，而是体现在底部量能区，出现了连续的放大。此时正是主力资金在“站桩”，为以后行情的纵深发展“聚气”。

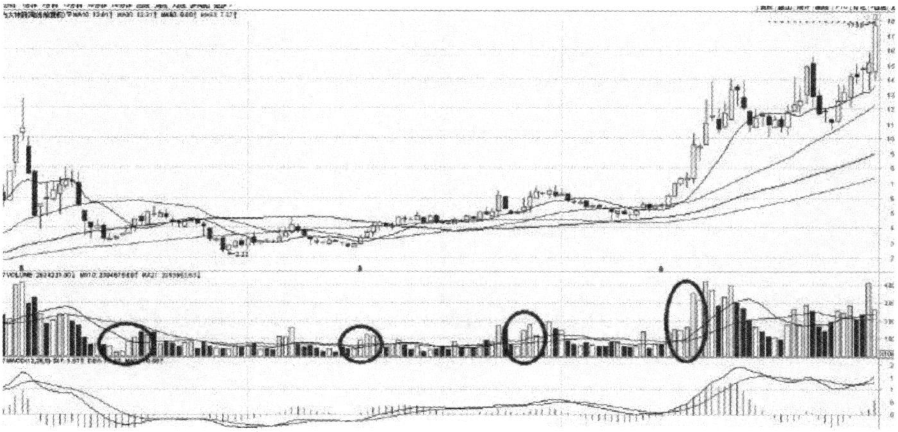

长期均线决定大势

短期均线向上交叉，但所有长期均线向下，即使反弹也不能认为大势翻转。必需通过探底和筑底，放量后才能蓄积上涨势能。

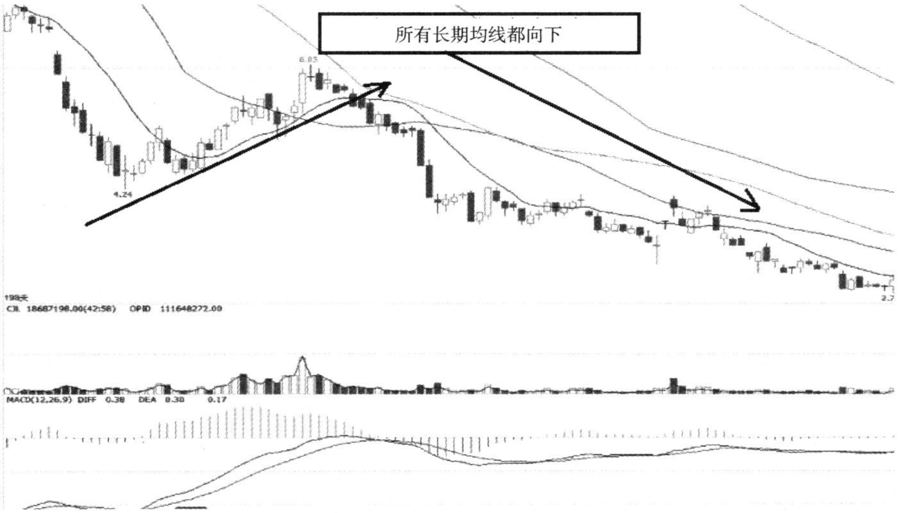

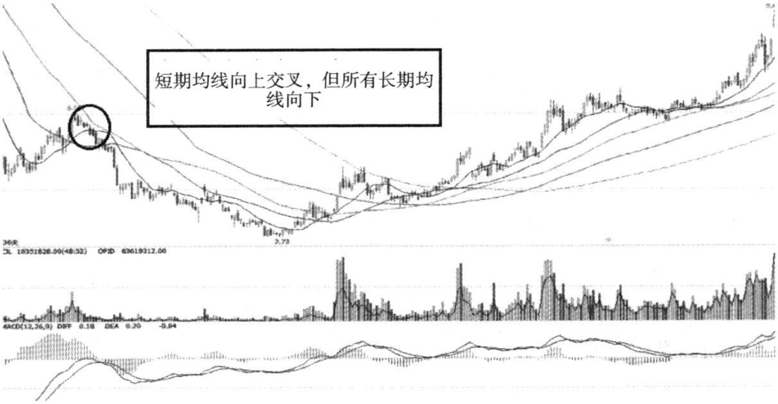


阳线见到阴线出场

所有的长期均线向下，底部盘整相对有些时间了，突破前期高点、均线金叉、量能线高涨，此点位入场，疯狂上涨后，出现十字星，上下长上影线，阴量很大，几乎和前一根阳量一样大。此时，出场观察。

欺骗型头肩顶做多图示

头肩顶形成时，一般都是做空，但有时由于底部放量，又长期筑底，此时容易被主力做出的图表欺骗，要慎重对待。

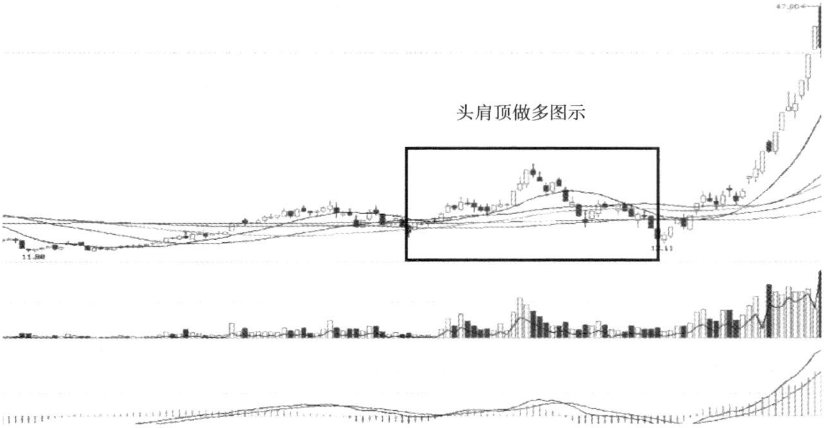


提前信号：天量天价

豆粕指数在 2018 年 4 月 9 日，相对较长时期内出现了天量天价，物极必反，高开低走，明显出货迹象，这时必须出场观看。

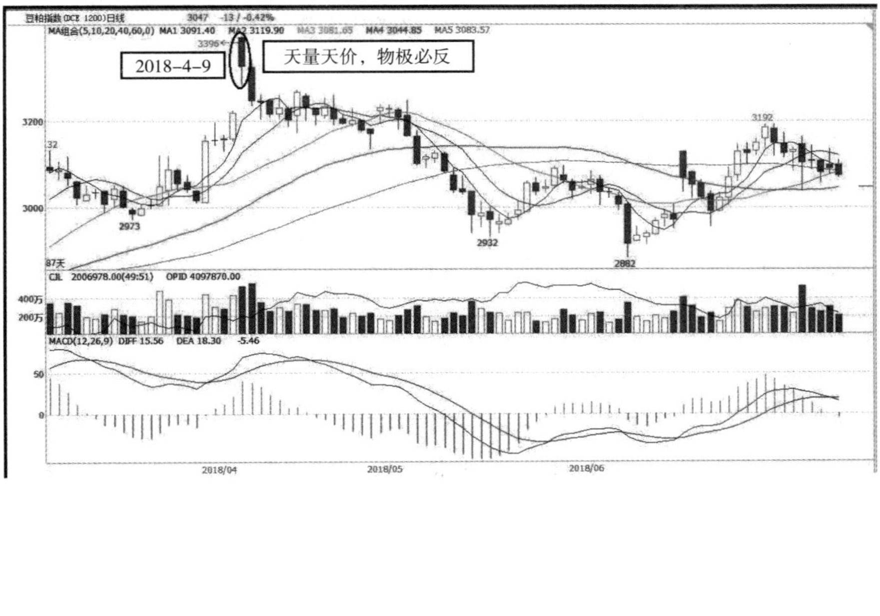

豆粕指数 2014 年 5 月 27 日，天量天价，如果能够参透玄机，多头就会避开 2014 年 7 月 1 日的罕见跳空低开爆仓行情。

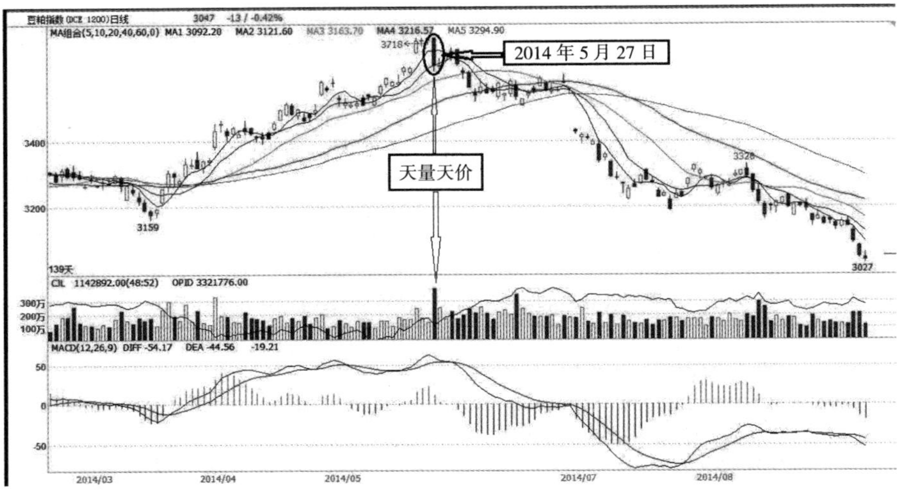


如下图：2014 年 7 月 1 日的罕见跳空低开走。

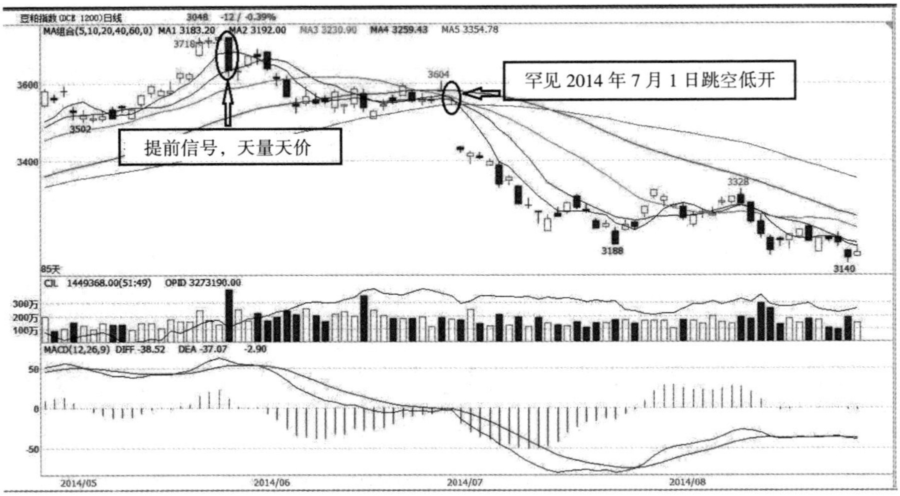


菜粕指数 2014 年 7 月 1 日跳水，如果能参透 5 月 27 日的天量天

价特征以及 2014 年 6 月 5 日和 6 日的空头强势能跳水玄机，就会抓住 2014 年 7 月 1 日的一波空头行情。

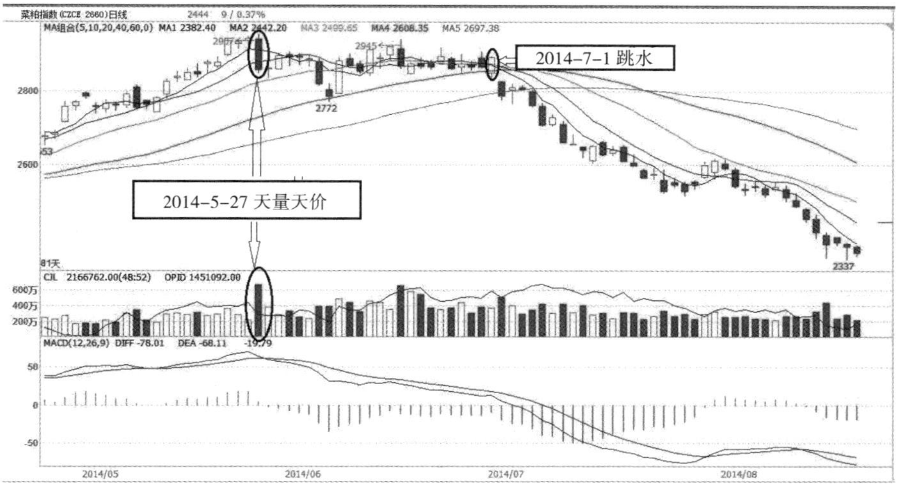

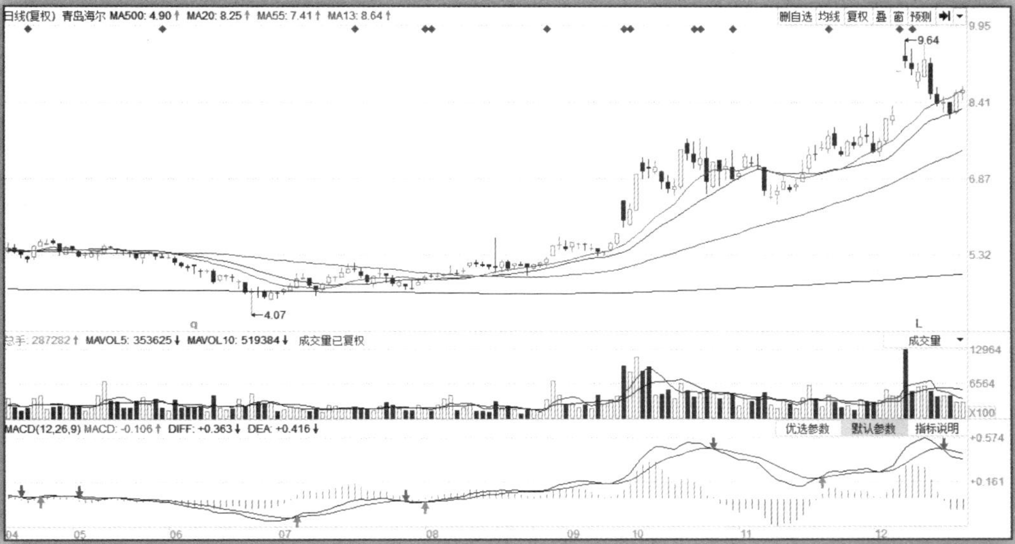
日线(复权) 青岛海尔 MA500: 4.90↑ MA20: 8.25↑ MA55: 7.41↑ MA13: 8.64↑
删自选 均线 复权 叠 窗 预测
9.64
4.07
总手: 287282↑ MAVOL5: 353625↓ MAVOL10: 519384↓ 成交量已复权
成交量
MACD(12,26,9) MACD: -0.106↑ DIFF: +0.363↓ DEA: +0.416↓
优选参数 默认参数 指标说明

7

# 投资盈利密码——战略篇

做交易就像是钓鱼

即使是交易高手，也不能保证每一次“垂钓”都必得收获，但他们至少不会像普通交易员一样，耐不住性子，甚至是全身下水拼个鱼死网破，又或者不论有无鱼儿皆下钩，结果白白浪费鱼饵。

狮子捕猎的时候，只有在时机及取胜机会都合适的时候，它才从草丛中跳出来。成功的交易者也具有同样的特点，他们决不会为交易而交易，他们会耐心地等待合适的时机，然后才采取行动。索罗斯就将自己成功的秘诀归于“惊人的耐心”，归于“耐心地等待时机，耐心地等待外部环境的改变完全反映在价格的变动之上”。

心理学家卡尼曼的研究证明，在很多情况下，获利比赔钱对人的情绪影响更大，甚至会导致心理失衡。获利后过于激动而又害怕失去，于是就会有落袋为安的想法，这种心理导致赚钱的交易被过早了结。然而，趋势行情中，“不动如山”才能赚大钱。

投资者赔钱的根本原因

没有正确的交易理念，没有适合自己的交易系统，没有执行交易计划，靠预测想象交易，通常挣一点就平仓，赔了迟迟不止损。挣小赔大，违背了成功的根本原则。

投资者常常是资金少，头寸大；急于挣钱，入市越频繁，赚钱越艰难。头寸大不是真正亏损的原因，关键是每次的头寸大小不一。冒大风险去抢蝇头小利，注定是要踏上亏损之路。追求完美，把自己当神仙，总想抢顶或者抢底，那是不可能的，抓到趋势的一段足够了。许多投资人是用感觉和情绪交易，而不是用大脑去交易、用交易系统交易。

一年中大的机会就几次，一天只有十几分钟。一天中主要的波动幅度就在十几分钟内完成，交易太多本身就是风险。

通常情况下，市场不会朝任何方向直来直去。所谓市场趋势，正是由波峰加波谷依次上升或下降的方向所构成的上升、下降、横向延伸三种趋势。要做趋势大行情，就要过滤次级小波动反弹；逆势反弹是诱导投资者犯错的主要原因。

### 阴阳互换与能量守恒定律

自然界有阴阳定律，即：老阴生少阳，少阳变老阳，老阳又生少阴，少阴又变老阴，老阴复生少阳；独阴不生，孤阳不长，阴中有阳，阳中有阴，阴阳转换，生生不息。

市场也如此，多头迟早要卖出而成为空头，空头回笼了资金后也迟早要成为多头；多头死亡之时就是空头生出之际，空头沉睡之时就是多头觉醒之际；跌的大趋势里有局部反弹的需求，涨的大环境里有短暂调整的要求。

自然界还有能量守恒定律，即任何一种能量都会随着时间的转移而转变成另外一种能量。市场也如此，做多的能量和做空的能量随时转换，而横有多长、竖有多高的现象更是屡见不鲜。一切都是可以转换的，阴阳可以转换，能量可以转换，时空可以转换，倘若固守一方，形同刻舟求剑。

### 股市牛短熊长的必然规律

自然界有加速定律，即物体上升需要外力做功，下行却会因自身重量而加速。市场也一样，上涨将消耗大量的买单，使成交量剧增，而下跌却可以是急剧下跌和无量下跌。由此说明做空容易做多难，也反映出股市牛短熊长的必然规律。

### 交易如火中取栗

交易，如火中取栗，所有的利润都来自严格看守亏损而出现的回报。遵守止损法则，就是保存你的资金，使你有东山再起的机会。

多头趋势已经来临时进入，确定空头趋势已经来临时卖出。还有一条：熊市只买跌，牛市只买涨，不要轻易反手做单。

### 期货投资如何死得快

期货投资要想死得快，必须同时具备三个条件：一是逆势，二是重仓，三是不止损。否则，想爆仓也不是那么容易。

反过来讲，要想长久生存且“活”得好，不妨反其道而行之：顺势，轻仓，第一时间止损。总之，若怕赔钱快，别嫌赚钱慢。

要克服自身弱点：无法自我控制的情绪、不经理智判断的决策、顽固不化的个性。

## 股票市场投资是首选

通过历史数据的统计，美国200年的历史，股票投资是最靠谱的事情，没有之一。长期债券的收益率是3600倍，短期债券是1000多倍，投资黄金就挣3至4倍，持有现金的话要赔95%，但持有股票能够赚103万倍，所以股票在大类资产长期配置上是最优的。股票市场投资是非常靠谱的，而在中国就变成特别不靠谱了，主要是好多人都在做差价，今天买明天卖，没有实现低买高卖。投资是长跑，如果从1990年一直持有到现在的话，收益率和美国股市的收益率是完全一样的。

## 投资交易“九大错”

思路决定出路，投资思维错误通常有九类：

①过度投资。很多交易者都存在交易频繁，过度交易与投资者的过度自信高度相关。

②处置效应。投资者长期持有亏损的项目，而过快卖掉赚钱项目。

③过度看好过往业绩。

④熟悉性偏好。其实行之有效的方法最好是跨资产类别的分散化投资。

⑤不能感受市场的狂热和恐慌。

⑥跟风交易，又称羊群效应。

⑦过度简单的分散投资。

⑧随意交易，即拍脑袋决定交易计划。

⑨组合分散不足，持有的证券从数量和质量都过于集中，相关性过

高，遇到市场大的调整和波动的时候损失惨重。由于复利效应，50% 的亏损要 100% 的盈利才能抹平，一旦发生重大亏损很难再扭转局面。

20% 股票赚大钱

三年公司交易账户统计：盈利中 85% 的客户赚钱是通过 5 单以内。扣除 5 单其余大多数是亏损的。此 5 单赚大钱。

频繁止损止盈不利

所有止损的单子不平仓：未来两周内有 98% 的概率会扭亏为盈。
所有止盈的单子不平仓：未来两周内有 90% 的概率扩大盈利。

交易次数与收益

每日交易 10 次的客户，三年为负 80%。
每日交易 5 次的客户，三年为负 50%。
每日交易 1 次的客户，三年为负 30%。
每三日交易 1 次的客户，三年为 12%。
每十日交易 1 次的客户，三年为 60%。

个性塑造格局

个性塑造格局。格局有大有小，没有好坏，适合就好。正如佛法大乘和小乘，是看发心，发大得大，发小得小。看 1 分钟 K 线的，对应的心态是小鸡啄米式，集腋成裘、积少成多即抢帽子、炒单交易法；看日线、周线、月线、年线对应心态是放长线钓大鱼。日、周、月 K 线用

500天均线以上的，就是熊心豹子胆心态式的，或本金多，或没杠杆，等等。千差万别，形形色色，无论如何，但人的本性不变！贪嗔痴慢疑，贪婪和恐惧，看多和看空，迟疑和等待，错过和苦挨，都根据各自的心性，走各自的财运，行各自的命理，因因果果，循环往复，天理是修行改变命运，福慧感召财富。

哲学上有讲：凡事皆有度。水烧到100度就开了，把握好度，是一种生命的智慧，是生活的体验和积累，是机遇的掌握能力。等量标尺、角度线、背离测算、黄金分割、大自然的潮起潮落、易经的卦象转变、五运六气、节气运转、心灵感应、高维感知、修炼觉悟等等，都是度的最佳标尺和测量工具，物极必反，阴极则阳，太过者，损之斯成；不及者，益之则利。

做交易更多时候是等待

一个品种里一年大机会也就两到三次。趋势行情只有10%，震荡行情占90%是常态。绝对收益只需把握10%中的10%，择机就是择吉。审时度势，把握时机，与时共进。

回头看教训还是没有坚守纪律

你有信心坚持你的判断，你有力量持有仓位，更重要的是，你的心理是没有任何压力不需要慌慌张张问东问西对股价有个20%的波动就惊慌失措，这时候你持股会非常从容不迫，你告诉自己一个股票涨50%后继续很强劲，那就有涨100%的可能。在股价上涨了50～70%后，都有正常的10～20%的回调，如果你有足够的经验，也可以加仓，这样随着股价越走愈高，仓位不变，成本归0了。

国投电力是2014年非常疯的大股票，因为是个大股票，开始对它的涨幅我设定在6.5开始分批卖，结果6个月不到就涨到6.5了然后开始调整，当时股价也没有跌破50天均线，我们开始分批出脱，回头看还是没有坚持纪律，那就是最后卖出不是等股价跌破50天均线，还是卖早了。国投电力在我们清仓后3周内再涨50%，可见持股对于个人投资者来说是多困难，个人投资者一定要有自己持股的策略，最后一定是分析其次，走势第一。

## 交易系统的实质

交易系统实际是结合交易员自身个性特点的一套一致性、稳定性的盈利方法。其本质优势是系统和资金管理，这也是根本要素。当然还需要经过多种检验：历史交易检验；实盘模拟检验（模拟成千上万小时）；实盘小资金测试；实盘大资金测试；至少一个完整涨跌周期的测试，通常一两年，时间越长越好。

更好的系统运行的时间越长越能说明问题。最好系统当中所有的东西都是量化的。所有的交易要素都做成了量化：开仓、平仓、止盈、仓位。这些步骤全都规则化，明确只要在满足了它的条件之后，只要对症下药就行了。

交易系统的冲击成本不高，所谓冲击成本是指自身开仓和平仓对价格的影响。一个长时间结构的交易，一般最短交易时间都是在15天以上，所以它对价格的点位没有那么多的讲究。

账户早点或者晚点时间入场都无所谓。价格选择的余地比较大一点，适合的是比较大的资金，而且不存在什么资金瓶颈。

对于交易规则比如双向收交易手续费这种也不敏感。交易次数少，容错性好，宽度也比较大一点，不需要经常去变化。

隐含风险相对小一点。因为业绩的取得不是靠仓位来获得的，资金平均使用率也只有30%。

头寸规模不是很大，这样必然会使风险相对降低。其实风险防控真的没有什么很好的办法，只要头寸小一点，这是最基本的办法。

### 高低手的本质区别

一个优秀的交易策略不应该仅因市场涨而做多、因市场跌而做空，而是当市场涨到一定程度了才能做多，跌到一定程度了才做空；如果要精准一点，可以根据市场的涨跌程度来分配仓位，即轻仓、重仓、满仓。

看准不如做稳。系统和资金管理是高手的操盘大法，高手倾向于试仓，做对时加仓，更明白了这个到处是金银的市场，只拿走属于自己的一小块，不追求收益率的高低，即使有明显的好机会摆在眼前，也不再动心，而是更关注于资金的安全与长期复利成长性。

高手通常还要做到：进场前考虑风险多过盈利；持单时宁愿小亏不能大亏；知道技术分析有缺陷，但是仍然能够驾轻就熟的使用；对胜率不再感冒，对获利有强烈的兴趣；交易业绩趋于稳定，大幅回撤非常少。

唯一能够区别赢家与输家的地方，在于他们能不能应用一流的策略和战术，能不能持之以恒恪守纪律。最后，虽然始终一贯的可行策略显然是操作成功的要件，但另外还有三个特质不可或缺：纪律，纪律，纪律。

期货一定要少操作的重要性

股票市场能够创造虚拟价值，因此大家可以一起赚钱，而期货市场是一个耗散市场，你赚的钱必定是他人赔的钱，而且还要交昂贵的手续费来养活交易所和经纪公司。通行的说法是：凡有人赚到一元，必定有人亏三元，另外两块给了交易所和经纪公司。统计的结论是：在期货市场，以年计，九成的人亏钱，以三年计，九五成以上的人亏钱。可以这样说，期货是一个表面赚钱容易、实际赚钱艰难的行业。所以，凡执着于过高盈利者，对这一整体概貌不可不察，期货市场就怕多动症！

操盘者与伙伴合作的重要性

由于“能择人而任时”，范蠡（被后人尊称为“商圣”）成为了当时的天下首富。但他也有过用人不当的惨痛教训。

他定居于陶时，有三个儿子。二儿子杀了人，被囚禁在楚国。他于是装了黄金千镒，嘱咐他的小儿子前去营救。大儿子听说后以死相逼要求自己去。他只得改派大儿子去，并写了一封信给旧好庄生。

老大带上父亲的亲笔信和贵重礼物到达目的地找到庄生，庄生说，这事就交给我，您赶紧离开此地。庄生第二天上朝，对国君说，我昨天夜观天象，发现对我们国家非常不利，必须得大赦天下。国君于是启动了大赦天下的程序。

但范蠡的大儿子并未离开这个国家，听到大赦天下的消息后，他心想，既然是大赦天下，也不是专门为我弟弟的，那这钱花得有点冤枉，于是去找庄生把钱拿走了。然后庄生就不干了：既然如此对我不仁，就别怪我对你不义了！

第二天上朝，庄生对国君说，昨晚微臣经过街上，发现很多人议论纷纷，都说大赦天下不是为百姓，而是为了某个陶朱公的二儿子。国君大为震怒，问该当如何？庄生说，好办，先把陶朱公的儿子砍了，然后再大赦天下。于是范蠡的大儿子只能带着弟弟的尸首和一千两黄金回家了。

以陶朱公传奇一生的经历，应该能对长子的行事态度有足够的估计，不然就不会径求三儿子去办，只是长子以死相逼，他也奈何不得。当然，派大儿子去，可以认为是用错人，但换个角度，这或许是他当时能够想到的最佳方案了。

善于用人的领导者，总是针对人的领域特长安排适宜的工作，分派适合的任务，以发挥其长处。范蠡夫妇生下老大的时候，处于事业起步，大儿子看父母挣钱艰辛，心疼父母，所以把钱看得很重；养老三的时候，家境已经很有改观，老三整天花钱如流水，根本就无所谓。所以，派老三去，把礼物送掉事情交代好即可，而老大眼看花掉大笔金银，实在不甘心。

智慧决定心态，心态改变命运！

### 中国社会消费增速图谱

2003 年非典时期，是中国社会消费增速的低点。2018 年又到达低点了。

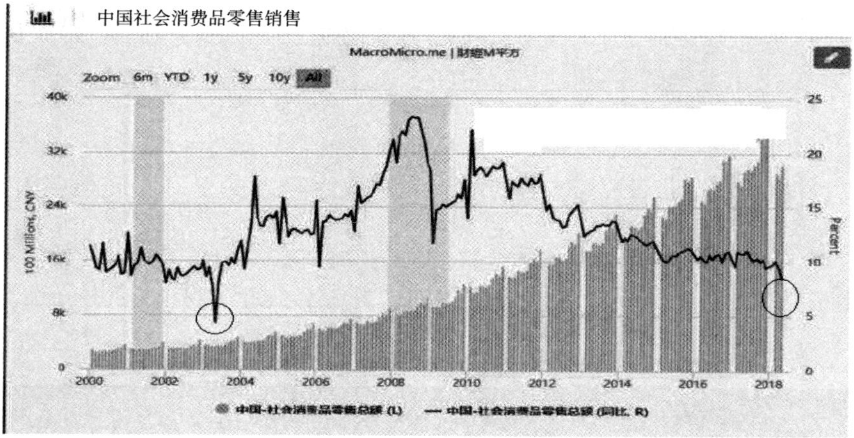


四年左右一个猪周期

自2006年以来生猪价格经历三轮周期

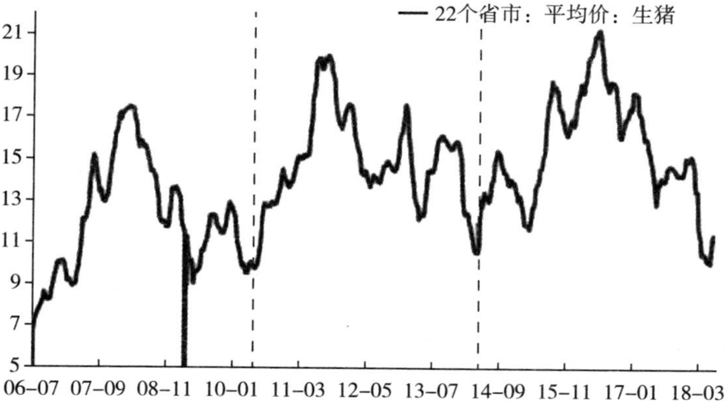


生猪价格往往和通胀挂钩。CPI 同步上涨。

美联储收紧与金融危机

研究机构 PalisadeResearch 列举过去 40 年的经验证明，历史上美联储开始收紧后，没有一次未出现经济萎缩或是金融危机。

Fed Funds rate tightening and the tield curve, 1976–2018

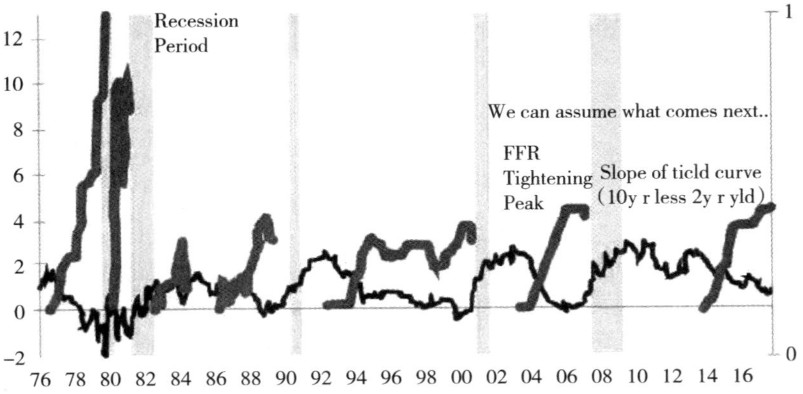


明斯基时刻（导致金融危机的主要因素）

明斯基时刻是以美国的经济学家明斯基同志命名的，他主要说的就是好日子过多了，人就容易浪费，消费无度就会造成借钱太多。慢慢就资不抵债了，黄世仁开始上门要钱，杨白劳还不起，所以最后两人一块完蛋。简单来说，明斯基时刻就是一个资不抵债的转折点。我们 2017 年开始大力去杠杆，监管表外金融业务，本身就是在防范明斯基时刻了，去杠杆就是要把政府债务和企业债务降下去，比如地方债务，特别是地方政府隐形担保的企业债务，这东西我们还不知道有多少。要知道，2015 年底中国全社会负债率为 248.5%，其中企业部门为 127.8%，这个杠杆率要明显高于其他国家。

以深圳、厦门、合肥、南京这几个城市为例，这几个城市居民的负债率已经超过了 100%，深圳到了 144.2%，厦门是 163.1%，合肥是

122.3%，南京是107.2%，而美国金融危机时，居民负债率在130%左右。所以明斯基时刻，虽然不会整体出现，但极有可能会出现在某个城市，某个群体身上。如果你的负债占你的可支配收入的三分之二甚至还多，你就已经很危险了。

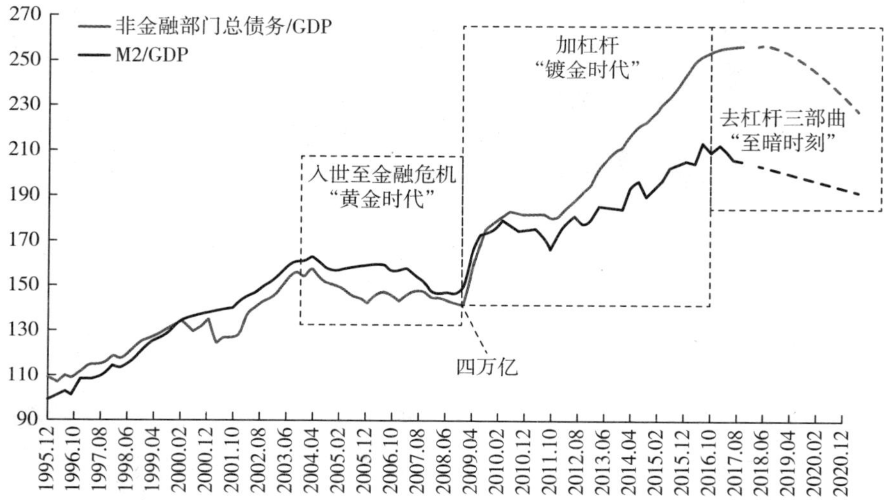


靠降准拉动股市往往行不通

任何不是自然市场力量的筑底，几乎100%都出现了反弹即是卖出解套的路子，这就是为什么大多数反弹会失败的原因。

投资最重要的是择时

市场上做多和做空最重要的入场要素是什么？简单说就是“择时”，我不管下空单和多单，择时永远是第一要素，择时包括“大盘”和“股价”的方向和临界点，不要对交易价格数字太敏感，一个正确的择时将决定利润是否能让你有信心坚持抱牢仓位，至于价位数字是心理压力，它不是造成波动的主因。

即使你拥有全世界最顶尖的交易理论、模型和金融学界、业界的世界顶尖领袖并肩同行，也拥有一流的情报和资讯，甚至就是最顶尖理论、模型的创造者，或本身就是顶尖的领袖，讲一句话，就会在市场上产生反应，但最终，天才抵不过天时。如当年美国政府居然任由雷曼兄弟戏剧性的倒闭而不救，这时全部身家赌在雷曼上的财富化为烟云。在天时的剧变下，没有踏准天时的，会一而再地失败，这不是故事，是教训。

### 暴跌是赚大钱的好机会

彼得·林奇说：暴跌是赚大钱的好机会。1987年美国股市大崩盘时，很多人由百万富翁沦为赤贫，精神崩溃甚至自杀。当时美国证券界超级巨星彼得·林奇管理着100多亿美元的麦哲伦基金，一天之内基金资产净值损失了18%，损失高达20亿美元。林奇和所有开放式基金经理一样，只有一个选择：抛售股票。为了应付非比寻常的巨额赎回，林奇不得不把股票都卖了。过了一年多，彼得·林奇回忆起来仍然感到害怕："在那一时刻，我真的不能确定，是否到了世界末日。"他提出了三个建议：第一，不要因恐慌而全部贱价抛出股票。如果你在股市暴跌中绝望地卖出股票，那么你的卖出价格往往会非常之低。1987年10月的行情让人感到惊恐不安，但没必要在这一天或第二天把股票抛出。当年11月份股市开始稳步上扬。到1988年6月，市场已经反弹了400多点，也就是说涨幅超过了23%。第二，对持有的好公司股票要有坚定的勇气。第三，要敢于低价买入好公司股票。暴跌是赚大钱的最好机会：巨大的财富往往就是在这种股市大跌中才有机会赚到。

十大指数定行情走势的整体观

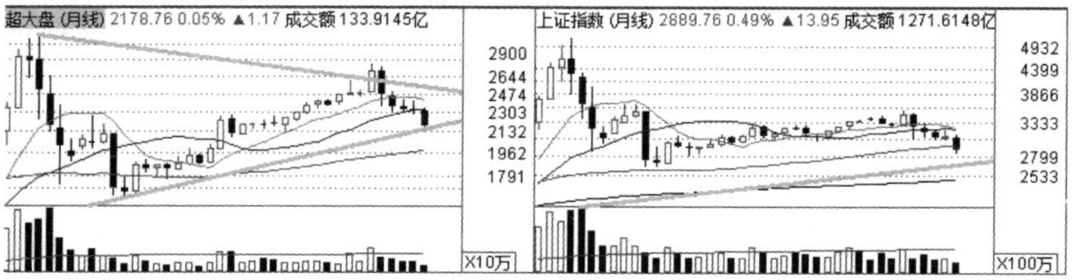


超大盘指数、上证指数

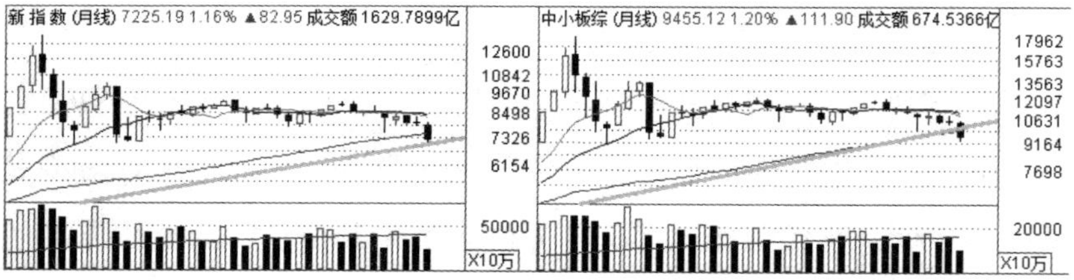


新指数、中小板综指

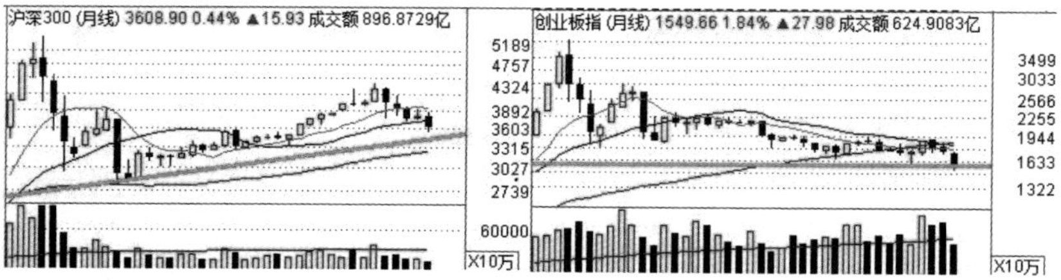


沪深 300 指数、创业板指

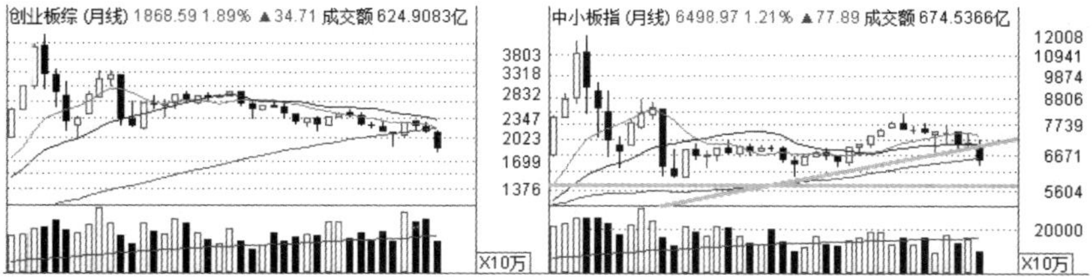


创业板综指、中小板指

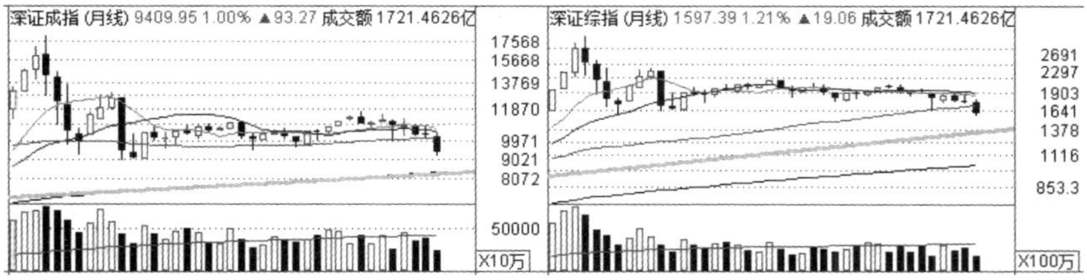


深圳成指、深圳综指

综上判断，图中十大指数月线都是阴线，都在下跌，A 股正在拐头，处于下降趋势中。

## 牛市源于成功的反弹

威廉欧奈尔说：不是每一个反弹都能形成一次成功的上涨通道，但每一个牛市的起点，都来自于一次成功的反弹。当然还要结合判断要素，如这次反弹的基础是什么？这次反弹有没有大型的上中下全产业链的大行业显示强劲的领导走势出现？指数有没有出现一对背靠背的初步底部构筑形成？如果这些要素都具备了，不要听任何外来的声音，要相信自己的纪律，要有整体的判断，财富不是来自于投机，而是科学的判断加纪律的执行度。

时间周期的重要性

等待好的时间是重要的，要在正确的时间做正确的事情，商品是否有季节性的规律？为什么平时都不敢应战和失败的陆逊火烧连营选择在夏天最热之季反击，其时天气炎热，刘备大军扎营于树林，这就让陆逊等到了战机。结果刘备被一把火烧去，火烧连营七百里。蜀国的精锐兵力几乎在此战中损失殆尽。又比如，十九大、两会、国际谈判、地域政变、美国等国重要数据公布日，等等大事件，此时间点都是能起到影响市场作用的。

抄底才是最大的投机

2007 年 A 股主板从 6140 点跌倒 2008 年的 1660 点，指数直接打 2.7 折才算底部，如果创业板 4037 点是头部，也按 3 折到底部，1200 点才到底部，当年 2000 年，纳斯达克从 5137 点一直跌倒 2003 年 1100 点才算底部，那可是跌了将近 80%，所以什么叫预测底部？什么叫跌出价值？什么叫有价值安全边际？抄底，那是股市代价最昂贵成本无与伦比高的动作。股市下跌的时候，只有紧紧把现金捏在手上，下跌期间任何消息都不如盘面正确，市场本身就是一架最有效的机器。

判断底部关键看流动性

2018 年上半年 A 股下跌核心原因是场外资金持续枯竭和场内资金系统性避险，这形成了市场流动性枯竭，最终导致估值体系持续下行。

A 股已进入过去三年以来调整的后半场。

A 股历史熊市 2004 ~ 2005 年和 2013 ~ 2014 年，探底和筑底时间较长。现在微观经济恶化已催生货币政策放松，贸易冲突也会促使央行适度放松货币政策，这些应该是政策底部。

但市场反弹依然是场内存量资金的博弈，大票的放量并不明显，还看不到新增资金的入场。当前沪深两市 PE 分别是 15 倍和 22 倍，对比发达国家市场熊市底部仍然偏高。2015 年股市异常波动之后，投资者结构发生变化，比如“90 后”这一代入市的热情大大降低，缺乏赚钱效应的 A 股短期内难以吸引场外资金。

### 多空转换还要多问问这些方面

持有空头和持有多头逻辑是一样的，当你认为多空反转之时，要问问形成多空的因素变化了没有？如 2018 年 1 月 30 日至 6 月 22 日以来，一直是空头市场，为什么不是多头呢？这你就要问问：美元流动性转向了？加息路径转向了？贸易战问题解决了？各种各样的矛盾都消除了？如果没有，就因为某些领导说句话？就改变初衷，持股要有信心的，都是要有时间的，站在正确的方向，要持有足够的时间跨度。

### 资金面是股市涨跌的主要因素

为什么 2018 年年中以来股市仍是不景气？A 股的上涨来源于资金面，年中资金面难以再现类似一季度末那样超预期的宽松。一是金融机构超储率有所下降，流动性总量有限；二是资金面过于宽松，容易刺激金融体系杠杆率反弹，有违监管导向；三是美联储接下来大概率会再次加息，中美国债利率差大约80至100个基点的“舒适区间”来看，目前6月中美国债利差已经缩至60个基点左右，跌出了“舒适区间”。常理上讲，中美利率差缩窄，意味着套利空间将被压缩，资本或有流出压力，人民币汇率可能面临贬值。由于中美利差已脱离“舒适区间”，源于汇率和资本流动的压力将限制国内货币政策放松空间。

牛熊转换稳定的节奏都是三五年一个周期

大牛市已经非常的近了。但是之前有几件事你要让市场做完，也就是探底和筑底这两件事。这两件事要做完之后就是牛市爆发，全部的进程大概需要一年到一年半，底部盘整要进行充分的换手，快也得在时间上3至6个月以上。当然，这时总是配合出台更多政策，中国股市是政策市，如果结构性改革能更有成效，大家有了大的奔头，看到了预期，这样，能量蓄积，周期改变的时刻就要来了。

学会放弃是投资的另一种境界

投资市场有句谚语“等待也是一种投资”。可是我觉得应该再加一句“学会放弃是投资的另一种境界”。

指望每天或每星期都投机的人，不会获得成功；只能允许自己进入交易的次数一年只能有几次，可能只有四五次。在交易之前，要等待，要耐心地等待，直到尽可能多的因素都对你有利的时候，再进行交易。

股价千变万化，无外乎单边上涨、单边下跌、横盘震荡这三种形态，单边策略天生对付不了震荡行情，震荡策略天生对付不了单边行情，也就是说，你若志在抓单边大行情，肯定会在震荡行情里吃小亏；你若志在做震荡箱体里的高抛低吸，肯定会错失单边大行情，或者会把大行情分成几个小波段吃了，而不是吃掉整个完整的大行情。追求完美，试图用一个策略将所有的行情一网打尽，不仅是贪婪的表现，而且很愚痴，故追求完美也是贪毒。股市存在内在规律，这个规律既可测又不可测，可测之中包含着不可测的因素，不可测中存在着可测的部分。交易策略实际上抓住的是可测的那一部分行情，丢失的是不可测的那一部分，如此而已。

### 投机是一场修行

经常发现老天爷真的很喜欢和人开玩笑，你理智的时候每次交易都是对的，可当你想赌一次的时候，就错了，甚至大亏，老天爷却着实的和你开个玩笑。

在股市里能抓到大行情，并不是我们有多牛，而是市场赏碗饭而已；这个大行情并不是我们交易者创造的，而是市场赏的。市场不赏饭，纵然你有天大的本事，也抓不到大行情。

投资就是一场修行，修行的目标是为了明心见性；明心见性后，并不意味着我们获得了某种超能力，而是更加的了解了自己、了解了交易的真谛，找到合适自己的方法，坦然接受交易中的不完美，不与市场对抗，将交易中的大亏避免掉，自然就能稳定盈利了。所以，任何一种交易策略都只是修行的工具，工具并不能保证让你稳定盈利，让你稳定盈利的应该是驾驭工具的心法。如果你一直热衷于学习不同的交易策略，忽视转化内心的贪嗔痴慢疑，就很难摆脱亏损的轮回。五毒的化解过程很漫长，需要在不断的交易中领悟；只有化解了五毒，才能获得大自在，做人也才成功。

### 赚钱不是靠天赋，更需要综合素质

天赋更像是一种附加技能。有悟性一定是加分的，但是天赋确是一种锦上添花的东西。天赋往往伴随着自我崇拜，甚至导致自我疯狂，疯狂也是毁灭的开始。

只有足够的聪明（悟性），足够的呆板（执行力），足够的悲观（资金管理），足够的乐观（情绪控制），足够的坚持（长期一致性），足够的变通（选择）。当这些素质的训练达到一定程度时，成功就来到了。

### 不要随意出场

在大趋势不变的情况下，次级趋势往往会干扰到我们的判断，此时要先问问自己：是涨势还是跌势？目前的趋势有没有走完的迹象？把这两个问题搞清了，你自己就可以找出答案了。这叫做“抓大放小”。但由于恐慌，有时大家会轻易抛弃头寸，若出场之后，你又要面临下一笔进场，又要面临新的风险。还有一点，随意的出场也可能会让你错失一场盛宴，尤其在期货市场里，就是要赚意想不到的钱。

## 交易中细节往往决定了成败

交易的逻辑思维和细节，尤其是细节，往往决定了成败。而这一点往往会被交易员所忽视。交易的悟性有时真的无法复制。

即便根据宏观和基本面研究，确立了做多或做空的思路，但何时入场很重要，需要不断地试盘。试盘对一个操盘手来说是极大的考验，十笔中可能六七笔是亏的，对操盘手心理素质和风险管理水平要求很高。最后可能亏损的次数比赚钱的次数多。

## 长期持有的意义

人类文明在过去一万多年的经济表现图如下：

人类文明在过去一万多年中的经济表现

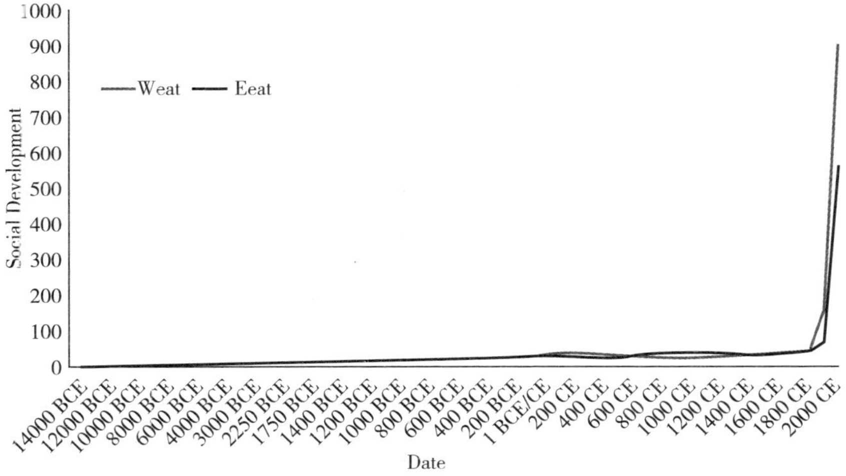


人类文明在过去五百多年的经济表现图如下：

人类文明在过去五百多年中的经济表现

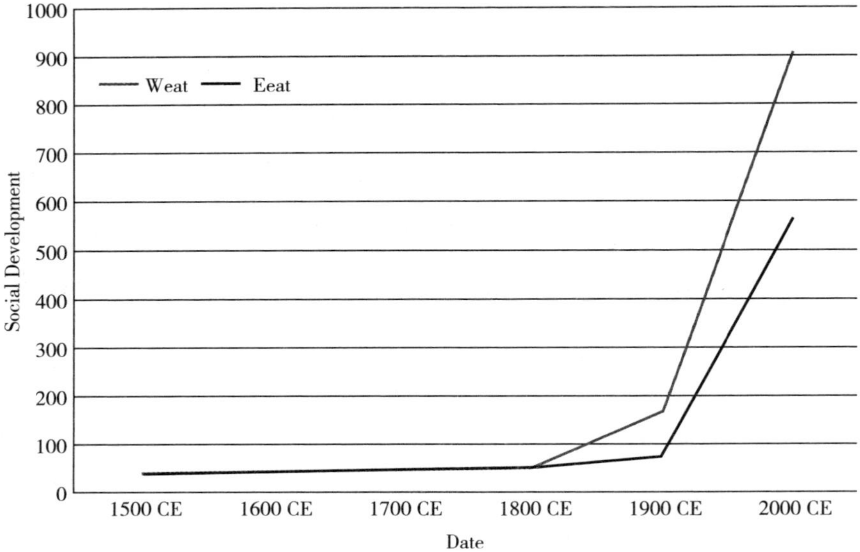


有没有人在过去二十年里投资赚了一千倍？如果你投资万科一家就是一千倍，这是存在的。当然真正能赚到一千倍的只有最早的国有股份原始股，因为上市第一天就涨了十倍。所以原始股现象我单列出来。上市第一天之后大家都可以投，如果买了仍然可以赚近百倍，比如伊利110多倍。这个指数并不是抽象的指数，而是实实在在的，出现了这些公司，这些公司从很小的公司变成了很大的公司。

如下图，举几个大家耳熟能详的公司看一看：万科、格力、福耀、国电、茅台，这些公司确确实实从很小的市值发展到现在这么大，最高的涨了一千多倍，最低的也涨了三十倍。

*Data from IPO Date to 8/31/2015*

| Company Name | Based on IPO Price Cumulative | IRR | First Day | Based on First Day Close Culmulative | IRR | IPO Date | Years | Mkt Cap (RMB bn) | P/E |
|---|---|---|---|---|---|---|---|---|---|
| 万科 | 1151x | 33.0% | 1058% | 98x | 20.5% | 12/19/90 | 24.7 | 153 | 9.6x |
| 格力电器 | 837x | 43.1% | 1900% | 41x | 22.0% | 11/18/96 | 18.8 | 111 | 7.8x |
| 国电电力 | 584x | 41.2% | 1727% | 31x | 20.7% | 3/18/97 | 18.5 | 86 | 12.4x |
| 福耀玻璃 | 350x | 30.1% | 2640% | 12x | 11.7% | 6/10/93 | 22.2 | 30 | 10.7x |
| 云南白药 | 264x | 29.3% | 211% | 84x | 22.7% | 12/15/93 | 21.7 | 72 | 27.5x |
| 伊利股份 | 162x | 29.9% | 41% | 114x | 27.6% | 3/12/96 | 19.5 | 99 | 21.8x |
| 万华化学 | 38x | 28.3% | 0% | 38x | 28.3% | 1/4/01 | 14.7 | 40 | 19.7x |
| 贵州茅台 | 37x | 29.6% | 0% | 37x | 29.6% | 8/24/01 | 14.0 | 245 | 15.3x |
| 豫园商城 | 31x | 15.1% | -41% | 53x | 17.6% | 12/19/90 | 24.7 | 22 | 20.8x |
| 双汇发展 | 30x | 22.4% | 0% | 30x | 22.4% | 9/15/98 | 17.0 | 59 | 15.5x |
| | | | | | | | | Avg P/E | 16.1x |

香港也是一样的，香港没有原始股的概念，投资腾讯实实在在可以获得 186 倍的回报，从第一天开始投就可以了，时间还短，上市时间是 04 年，在过去 10 年里面增长了 186 倍。这些公司都是有很多生意是在中国的。海螺、光大、港交所、利丰等等，并不是只有这些公司这样，只是正好这些公司大家都比较熟悉。

*Data from IPO Date to 8/31/2015*

| Company Name | Based on IPO Price Cumulative | IRR | First Day | Based on First Day Close Culmulative | IRR | IPO Date | Years | Mkt Cap (HKD bn) | P/E |
|---|---|---|---|---|---|---|---|---|---|
| 腾讯控股 | 186x | 59.4% | 0% | 186x | 59.3% | 6/15/04 | 11.2 | 1,239 | 39.1x |
| 中国生物制药 | 160x | 40.6% | 0% | 160x | 40.5% | 9/28/00 | 14.9 | 45 | 25.1x |
| 汇丰控股 | 95x | 16.8% | 0% | 95x | 16.7% | 4/2/86 | 29.4 | 1,199 | 11.8x |
| 香港中华煤气 | 82x | 16.2% | 0% | 82x | 16.2% | 4/2/86 | 29.4 | 169 | 22.1x |
| 香港交易所 | 82x | 33.8% | 0% | 82x | 33.7% | 6/26/00 | 15.2 | 218 | 31.x |
| 利丰 | 61x | 19.5% | 14% | 54x | 18.7% | 7/1/92 | 23.2 | 43 | 11.5x |
| 中国光大国际 | 46x | 16.4% | 0% | 46x | 16.3% | 3/21/90 | 25.5 | 45 | 23.9x |
| 中国海外发展 | 43x | 17.8% | 29% | 33x | 16.4% | 8/20/92 | 23.0 | 224 | 6.1x |
| 新奥能源 | 38x | 29.1% | 0% | 38x | 28.9% | 5/9/01 | 14.3 | 43 | 11.8x |
| 海螺水泥 | 38x | 22.7% | -32% | 56x | 25.2% | 10/21/97 | 17.9 | 119 | 10.3x |
| | | | | | | | | Avg P/E | 19.3x |

筑底筑顶至少半年的意义

股票从来不是一跌就空，一涨就能多的。所有的牛市在指数于至暗时刻上涨 1.5 倍之前，底部构筑很少低于半年的。同理，从大牛市跌入熊市，头部较劲横盘也不少于 6 个月，为什么都要半年呢？这些时间段就是为了灭掉多转空的死多头贪婪者，也踢出了在底部构筑时大多数挨不住寂寞难耐的心理定力状态不佳者。股市之所以逆人性，就是因为市场底部是钱多，市场头部是钱少，只有多空经过反复拉锯战，才能达到洗盘的目的。

### 捕捉机遇比天道酬勤更重要

在《异类》一书中，作家格拉德威尔对社会上的成功人士进行的分析，让读者看到了一连串颇感意外的统计结果：英超联赛大部分球员都在 9 月至 11 月出生；比尔·盖茨和史蒂夫·乔布斯都出生在 1955 年；纽约很多著名律师事务所的开创者竟然都是犹太人后裔，并且他们的祖辈大多是在纽约的服装行业谋生。

富豪榜里有几个成功的互联网创业者，他们的年龄是：李彦宏 1968 年 11 月出生，雷军 1969 年 12 月出生，周鸿祎 1970 年 10 月份出生，丁磊 1971 年 10 月出生，马化腾 1971 年 10 月出生的。也都是 9 月至 11 月出生的。

悟性一般是天生的，能抓住了一个正确时机，切入到一个趋势中的机会，时机比选择方向更难，踩对点非常重要。时机太早，这个市场机会没到，你会发现你很痛苦。90% 的失败公司都不是方向、体量的问题，可能绝大部分都是时机太早的问题。不能领先太早，最好领先一小步。太晚当然也不行，市场如果很热，通常意味着红海了，时机已经晚了。

## 趋势的形成——生住异灭

生：趋势形成。

住：趋势不会改变。

异：类 M 头、W 底形成的过程。

灭（转）：灭是前一个趋势转换成下一个趋势，即空转多，多转空。

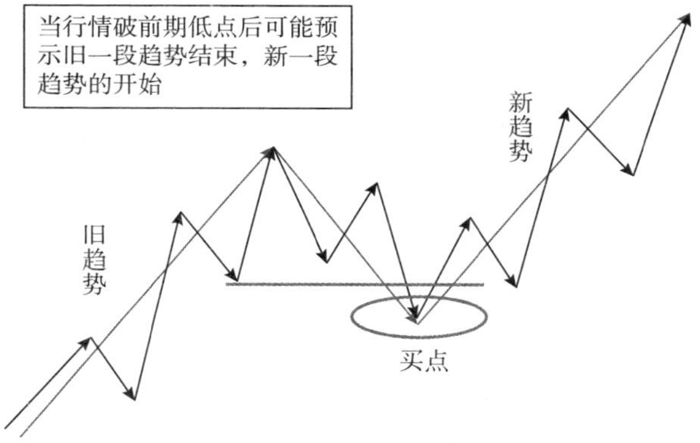


## 低价的商品不做空，高价的商品不做多

有一个原则，低价的商品不做空，高价的商品不做多。价格一旦低于成本或接近成本，就是低价，即便跌，也不做空。一旦商品有了暴利，即便再涨，也不做多，当然也不敢轻易做空，可以先观望。低价做空，高价做多，凶多吉少。低价的商品不是马上做多，要进入关注范围，但不要心急。鸡蛋低价，养鸡的大面积杀鸡了（收鸡蛋的小贩，原来一个村收一车，变成三个村收一车），才会大涨。扭转供求的事实发生了，不要犹豫。

### 贵出如粪土，贱取如珠玉

行业暴利就是贵，低于成本就是贱。坚持买便宜货。做期货的，就是大型综合贸易商，通过贩货赚钱。做期货，做的是货，要去了解货。

### 心理预期会对供需及价格产生影响

工业品的需求，由国家政策决定；农产品的供应，由老天决定。天灾尤其对农产品的收成影响很大，需求基本是不变的，一旦减产，后果很严重。

### 机会是等出来的

想抓大机会，该等还是要等，和有钱没钱无关。

股指可能一天来回 50 次，47 次是小盈小亏，赚钱就是靠那 3 笔爆发行情。

必须确实做风险控制，有机械化的停止操作规程。

知道要来一波行情，还在不停地做非主流品种不对。

当行情不温不火时，必定要防突然异动。

莫名其妙的亏，要马上换品种，人挪活。

屡战屡败，究其原因三个字：多动症。

期货，这是个非常有趣，又非常无趣的市场。见过经历三年风雨的某同志，3 天时间爆仓了，又有人从 4 万到千万，2 天打回原形。

政府的信息对短线市场有决定作用

央视报道：苹果是用来吃的，不是用来炒的，苹果当天跌停！通常可见基本面派、技术派、举报派！举报派一哭二闹三上吊最管用！

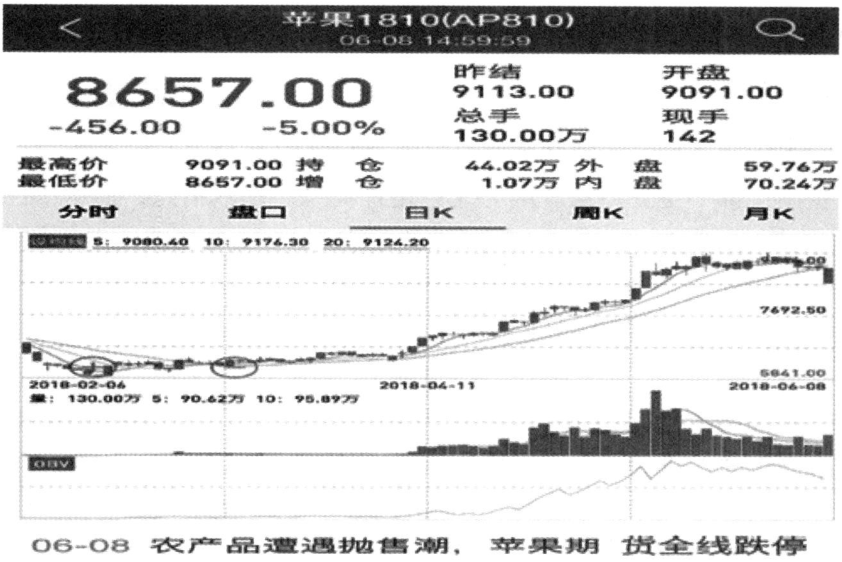


市场对“新闻”的反应往往过度

新闻的影响力十分重要。新闻内容本身并不重要，而是市场反应十分重要。无疑，新闻可以适应公众的感知，但你必须对新闻与市场动向之间的差异保持警觉，它完全涉及到期望与现实，要寻求正在发生的事情与人们应该对这些事情产生的想法之间的差别，如果大行情来了，普通民众总是站在错误的方向。考虑用下列方法来分析市场对新闻的反应：

①如果不利的消息公布，而市场开始以很大的成交量卖出，很可能市场将会走低。

②如果市场并没有对好消息作出太大反应，可能这一好消息已经被打折。

③重要行情总是倾向于在新闻发布之前就启动。当行情已经启动时，基本面才开始慢慢显现。

④在大量看多的新闻发布之后买入，或者在大量看空的报告出台后卖出，都不是好做法。因为无论是好消息还是坏消息，通常都已经在价格中被打折。

负债率增长速度对比图

截至2017年，各国私人部门（企业+居民）负债率增长速度对比图，所有国家都在降，唯中国不同 。

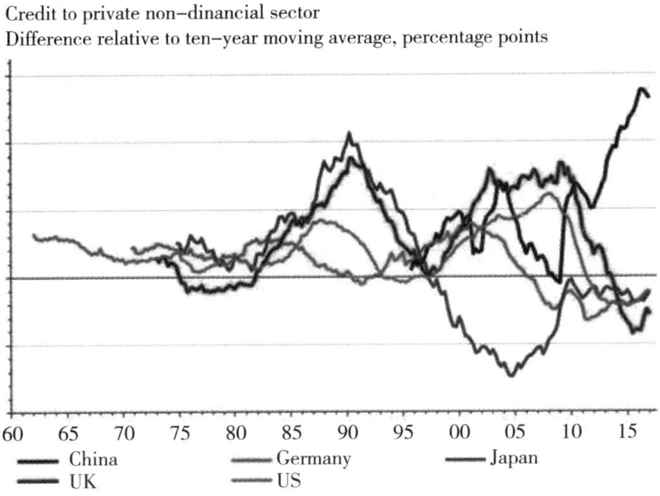

## 期货交易要搞清需求旺季、运输、分销等时间

下图(豆粕指数图一)中的高点分别是2008年7月,2009年7、8月,2010年8月，2011年8月，2012年9月，2013年9月，2014年8月，2015年7月。这就是季节性高点，几乎都产生在7、8、9月，因为这会儿是需求旺季。所有企业都要从5、6、7月准备从国外大量进口,到港、分销都需要时间，要准备满足7、8、9月的需求。

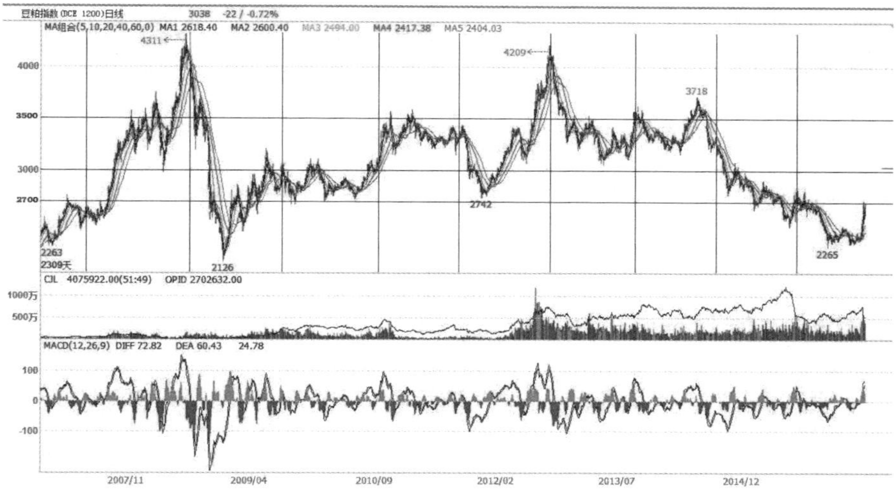


**豆粕指数图一**

你吃透了这些就会产生暴利。当你踩对了行情的时候一定要把行情吃透，为下一波点背亏钱做准备。这一把赚30%，下一把亏30%就白玩了。这一把赚十几倍，把大部分利润提出，留20%的资金再利用，就算亏没了还是赚钱的。有大行情该赚钱的时候就一定要把行情抓到最后，让利润奔跑，别今天完成30%、50%的任务就结束。

如果这一次没吃透，下一次行情可能要一两年才出现。这个图形（豆粕指数图二）是去年年底做的，当时我就分析市场上第一个压力位是 2700，大家可以看 2700 这个点位是多少个低点形成的，而 3000 这个点位是多少个低点和相对高点形成的。

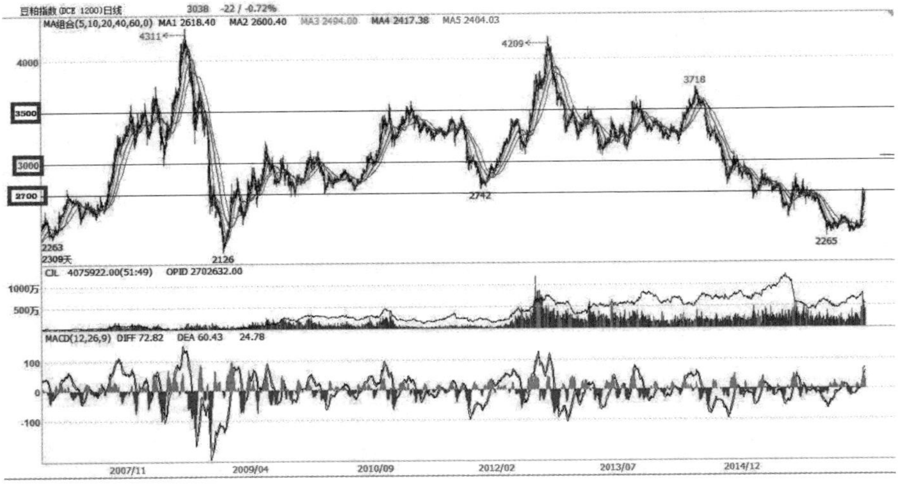


**豆粕指数图二**

这图形并不是随便画的，每个高点和每个低点都对应着当时的基本面，再回溯可能找不到，但是确实是当时的基本面创造了图形。3500 点是区间高点，回踩 3000 点，用这种划格型的方式来找每一个区间。

因为粮食的产量受当时的生产成本、生产资料决定，所以经常呈块状。如果这一波在 3000 点撑住了，就很有可能在 3000 点到 3500 之间走。

看豆粕指数，很明显四年一个周期，这是一个粮食的生产周期，每四年出现一次减产。这波行情现在在调整，等到破 3000 点再去考虑看空，不看一个月后的行情，农产品经常半个月基本面就变化了，像现在行情一往下走，漫天利空的消息，市场信息比行情转化的还快。

所以只要不符合交易系统的行情就不做，很喜欢做农产品就是因为周期性明显，关键价位、高低点区间、季节性变化都很规律。现在炒的很火的“天气”现象，最后对美国没有影响，美国利用消息把价格拉高全世界去卖，美国的所有报告都是围绕国家利益。

### 资金管理要求把握好每个商品的爆仓点

豆粕区间是 200 点，总结出豆粕区间是 200 点，是因为 200 点正好爆仓，400 点是半仓交易正好爆仓，800 点是 10% 的仓位爆仓，所以主力算的很清楚，不会浪费一点子弹。包括铜从这个盘整期到那个盘整期刚好 5000 点，一个 30% 的仓位正好爆仓。

橡胶从这一轮行情到那一轮行情就是 10% 的仓位爆仓。棕榈油 2013、2014 年每轮行情 500 点，一轮行情一个人爆仓了赶紧跑。

去年股指空头就打了 10%，往下一调，从 5100 点调到 4800 点，五倍杠杆的人就爆仓了，一平仓四倍杠杆的人也爆仓了，四倍一抗不住三倍的也受不了，最后连私募都受不了。

### 基金新增开户数与行情

所有人都冲进来了，游戏也就到头了。

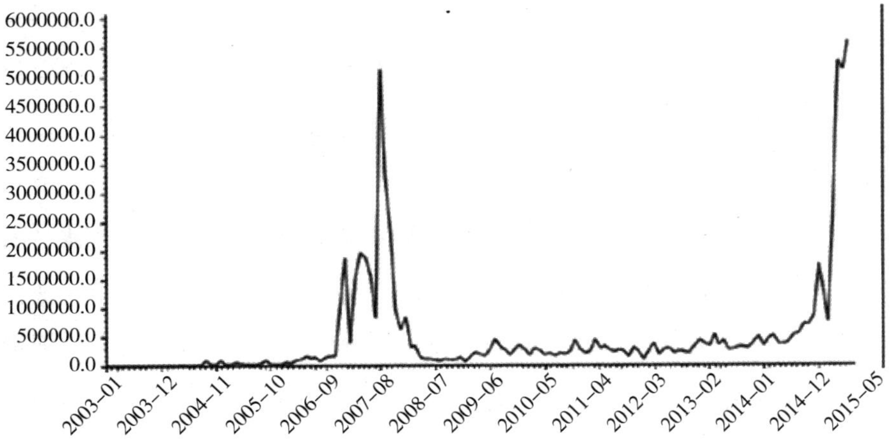


风控就是保住命

本金是有限的，市场机会是无穷的。最最重要的一定是要做好自身的保护。如果没有风控，你死扛亏损单，资金很容易就没了。有很多朋友，在资金量大了以后，风控没有做好，一亏就是大亏。风控才可以让你一开始进入到这个市场不亏钱或者只亏小钱。

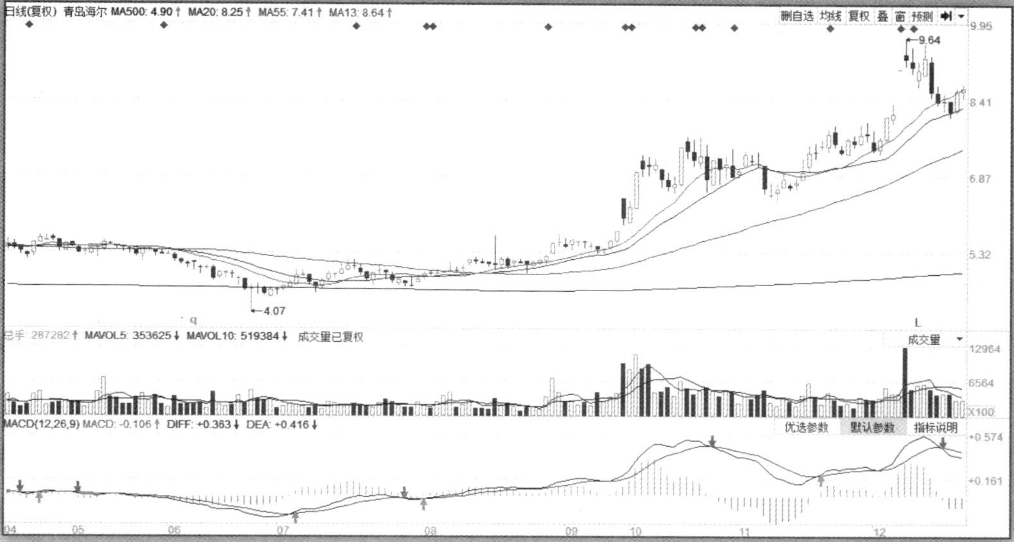
日线(复权) 青岛海尔 MA500: 4.90↑ MA20: 8.25↑ MA55: 7.41↑ MA13: 8.64↑
删自选 均线 复权 叠 窗 预测
9.95
9.64
8.41
6.87
5.32
4.07
总手: 287282↑ MAVOL5: 353625↓ MAVOL10: 519384↓ 成交量已复权
成交量
12964
6564
X100
MACD(12,26,9) MACD: -0.106↑ DIFF: +0.363↓ DEA: +0.416↓
优选参数 默认参数 指标说明
+0.574
+0.161
04 05 06 07 08 09 10 11 12

8

# 投资盈利密码——战术篇

### 如何面对回调

不仅仅是股市，任何事物的运行轨迹都是波浪型的而非直线型的，那么回调就是正常的。你要考虑的问题是回调多少是不能接受的。这里不能用主观的标准去决定回调的可接受幅度，社会上的教育大多是用主观的标准来决定，所以你会听到各种不同的声音，什么 5%、10%、20% 或者黄金分割的 38.2% 等等。这种标准反映了人的主观和分析。不是说这种主观和分析每次都会错，一定有对的时候。关键是以这种方法决定回调的幅度没有反映客观事实，结果有的时候失去了让利润奔跑的机会。大家的理念与操作要有一致性，当你掌握了这种方法，不看你的操作，只要你是严格执行的，看着盘面就知道你今天在哪里介入或离场的。比如说 20 线是操作线，不就简单了吗，看到今天 9:59 价格站上 20 线，就知道你在这里介入做多了。到了 14:23 价格跌破 20 线，也知道你在这里多翻空了。如此，你还用担心回调吗？严格执行纪律就会心安理得。

### 投资很简单，但并不容易

要找出亏损的主要原因。是业绩变脸？是财报造假？是系统风险所致？是高管异动？是市场错杀？还是杀低估值？价值投资的出发点要求有“安全边际”， 对于一些优秀的公司，业绩如预期甚至超预期增长，可是股价却打了七折八折，应该比原来更有安全边际了，如果不是买点也是较好的加仓点。好公司也不宜随性追着买，要等到“便宜”或者价格适中才能买入。价值投资，就是依据企业内在价值买卖股票，买入热门股，多数都不是价值投资。价值投资需要足够的耐心等待，出发点是冷门股，终点是热门股。每年数倍（甚至二三十倍）换手率的所谓高手，与价值投资无关，难复利增长，难上规模。价值投资的好处是，靠企业去创造价值，靠时间来实现价值，可以轻松实现复利增长。巴菲特所言，“投资很简单，但并不容易”，格雷厄姆说：“市场短期是一台投票机，但市场长期是一台称重机。”

### 价值投资者应防范的重点

创业板首只退市的欣泰电气，多年伪造财报，从 2012 年以来，每期应收账款周转天数都是大幅度增加的，应收账款是指货已经发出去了，对方还未打款，2012 年回款天数 197 天；2013 年 245 天；2014 年 347 天；2015 年 451 天；2016 年 1100 多天，就是说三年前的钱还未到账，说明公司经营已经有问题了。

又如，2012 年一季度的贵州茅台从 2011 年的 63 亿掉到了 57 亿，如果你发现这个小小的细节，就会发现它的货不像往年那么抢手了，以至于，后边整个塑化剂事件你都会避免。事实证明，资本市场直到 2012 年第三季度才发现问题，几乎领先了半年。

再如獐子岛事件，2009 年开始存货一直在增长，对于一个养殖业公司，存货年年增加，在资产中占比过高，这就说明销售不畅，经营不善，需要警惕的信号。以上这些，只要留心，都是能发现和避免的。

规避公司业绩假增长，具体是：

①扭亏为盈要防范“亏一块，赚五分”。

②业绩暴增来自于“赚一分到赚五分 = 增长 400%”。

③卖资产、卖股权、卖厂房。

④暴增业绩来自“非经常性损益”。

## 死扛还是止损？

有人做过研究，如果不止损死扛，那么 80%的交易可以扛到挣钱平仓，但是就是这 20%扛不回来，决定了最后必然爆仓！其实，都是一个资金量的问题。如果理论上你有无穷的资金，死扛一定会把亏损的资金拉回来，不仅拉回来，还能赚钱。从此角度看，投资绝大多数时候是忍耐和等待中度过。问题是实际上你没有足够的资金死扛，不到半路身先死。另外，还有一个资金有效利用的问题，即使有足够的资金死扛，如果不死扛，顺势而为，资金的有效利用率要高得多。

## K 线图是一种行为艺术和投资哲学

K 线图不是一门科学，而是一种行为艺术和投资哲学的实践，它本质上是市场群体心理因素的集中反映。你可以掌握它的性，但无法把握它的度，它给每个人留下了很多主观的判断，使那些试图量化它的分析家们最终陷入迷途。

在分析图形的时候，你不能拘泥于图形，而要究其内在的本质，洞悉多、空双方的力量对比变化。自然界有反作用定律，即力的作用是相互的。市场里也一样，股票价格会影响市场心理，使人们恐惧或贪婪；反过来，市场心理又会影响股票价格，促使其上涨或下跌。

祸兮福所倚，福兮祸所伏。在分析K线图时，一定要同时从乐观和悲观两个方面来分析同一信息源。很多时候，即使是披着一样的外衣，但市场的手势却是不同的。所以，面对每一根K线，我们不妨经常问这样两个问题：如果行情真的看涨，为什么多头不……？如果行情真的看跌，为什么空头不……？如此，玄机顿现。

## 如何识别趋势反转信号

反转趋势都是伴随着星线或带有长影线的阴阳线而出现的，这些曾被空方反击过的痕迹，以一个失败者的身份告知成功离它不远了——但这些，却往往被人们所忽视。

反转信号虽然预告形势有变，但并非告诉人们趋势马上就会掉头，它可能会横向盘整也可能会反向调整。

反转信号往往也是突破信号。市场主力常常会借“突破”来试探支撑区和压力区的市场反应，并由此展开下一步的行动，所以这些测试性的突破动作往往深具意义；而有些主力偶尔也会制造假突破，以破坏交易者的判断能力，或吸引跟风者做牺牲品。但无论是测试性突破还是假突破，它们往往会在收盘时或在下一个交易日现出原形。

## 长线趋势鉴别方法

一波行情结束后，一般都有一段休整期，然后再继续原来的趋势。休整期的长短和行情的大小有关，行情大，休整期就长；行情小，休整期就短。

一种简单直接的长期趋势鉴别方法是50天移动平均线。这种方法的使用如下：

（1）上升趋势的条件：① 价高于移动平均线；② 线向上倾斜。

（2）下降趋势的条件：① 价低于移动平均线；② 线向下倾斜。

这一方法的优点在于它是客观而完全没有偏好的。作为一种数学方法，它简单明了。但横向市场显现出无方向的移动平均线，它与价格线近似相等。

第一次进仓一定要大胆，量要为总仓的70%以上最佳，然后不断金字塔式加码。而且看到一个东西就一定要守纪律，玩长线的人一定要有耐性，所谓百忍成金，坚信自己信念，相信自己的交易系统！

## 应付假信号的绝招

用双保险足以应付假信号：轻仓，第一时间止损。

反复练习，表面简单的东西往往却知易行难。“执行力”就是如此。信号出现，看到就干，错了就砍，亏小钱赚大钱，交易就是这么简单。

斯坦利·克罗最著名的一句话：只有时刻惦记着损失，利润才可以照顾好他自己！克罗的这种理念在执行中主要依靠技术方法。他的座右铭就是：KISS（Keep It Simple，Stupid）—— 追求简洁。

### 套利手法与单边的关系

相对单边来说，套利手法相对稳定，风险较低，极少出现极端行情。比如2016年双十一的棉花跳水事件，9点半前后大部分品种都是涨停或趋近于涨停的，而9点半开始又突然集体跳水，从涨停板到跌停板，前前后后不到五分钟的时间单边交易的风险值就达到了2300个点。而套利呢，600左右，这中间的差别足以把人从死亡拉回来，得以保命。做套利短线交易，当化繁为简。简单的一些技术上的支撑、压力位够用了，其更多是一个策略性的问题。套利是做大规模的资金最好的方法。

### 股票投资“十二条”

①总收益最大化。

②做投资而不要交易或投机。预测股价短期波动是不可能持续创造出色的投资收益的，投机是相当危险的。

③保持灵活性。永远不要拘泥于任何一类资产和任何选股方法，市场环境会变，投资者需要保持灵活，思维开放，敢于质疑。

④低买。最佳买点出现在“最悲观”之时。

⑤在廉价股中寻找优质股。优质公司的特质有：管理强劲，生产成本低，技术领先，行业持续发展，品牌受尊敬且有价值。

⑥因价值而买，而非因市场趋势而买。

⑦分散投资。这是尽可能降低投资分析错误的风险。

⑧做足功课。投资的研究工作没有尽头。

⑨定期审查你的投资组合。时刻准备着在市场创造出新的机会时当机立断。

⑩莫惊慌。投资不要是情绪化的。

⑪从错误中学习。

⑫从静心祈祷开始。目的是创造一种冷静的气氛。

### 止损像呼吸一样自然

在正确的基础上考虑增加顺向仓量，错误立刻出局，寻求下一次的交易。截断亏损，让利润奔跑。跟随市场是交易者唯一的选择，没有被打败的市场，只有被打败的交易者。不重视止损，一天就毁掉几年的心血，甚至爆仓。天才和疯子只有一墙之隔，一个被认为只会成功、不会失败的巨人，也会在一个看起来风险很低的市场轰然倒下。高人总结一个核心教训是：不要用高杆杠进行金融操作，即使是在风险很低的领域。

在期货行业里有一句名言："不怕错，就怕拖。"指的是你的单子被套的时候，不要拖，要及时止损。

### 投资出错的应急措施

投资出错后第一个动作是迅速变现（止损出局），这样你有时间空间想清错在哪；第二个动作是不要对反弹慌张抢入生怕没赚到，如果造成下跌的根本因素没变，那反弹终究难以为继；第三个动作是你要调整投资节奏，重新踩对正确上升通道。1910 年利佛摩尔第四次破产后是在一个 4 年熊市中开始的，所以千万别操之过急。

遥想很多期货大咖曾经几乎亏光的过程中，其间不是说是没有盈利过，甚至是有很多次的盈利，但最终为何完蛋了呢！重要的原因还是在这个过程中没有做到坚决止损，还是对待错误的单子有时候会心存幻想造成的；还有就是贪欲太强，唯恐失去一个自己认为是机会的机会，缺乏耐心和控制力，期货交易控制风险和磨练耐心是活下来的重要因素。

低进高出，还是高进低出

一个向上涨的市场，明天多半是不变或继续上涨；一个向下跌的市场，明天多半是不变或再跌。短线交易，要顺势而行。“逢低吸纳，逢高出售”不可用于短线。但业余或绝对稳健的投资者可以学做分析起家的投资大师们，不做短线，耐心做长线。

仓位大小的调整

市场整体高估时，仓位要小，要灵活，不能眼红别人还在挣大钱。市场整体低估时，尤其是在市场持续多年走低，价值改观，而大部分投资者对经济和政策基本面的改善视而不见，不愿入市时，则当加大投入。

一根 K 线定乾坤——上证周 K 线

《教父》这部电影里有一句话：花半秒钟就看透事物本质的人，和花一辈子都看不清事物本质的人，注定是截然不同的命运。

观察上证周 K 线，2015 年 6 月 19 日，下跌 13%；2016 年 1 月 8 日，下跌 9.97%；2018 年 2 月 9 日，下跌 9.6%。随后都延续了一波跌跌不休的走势。这就是伤其十指、不如断其一指的战略呈现。通过一点，就可以知道大势已去。有些时候，“根本”是不能动的，伤了“根本”，就挽救不回来了。

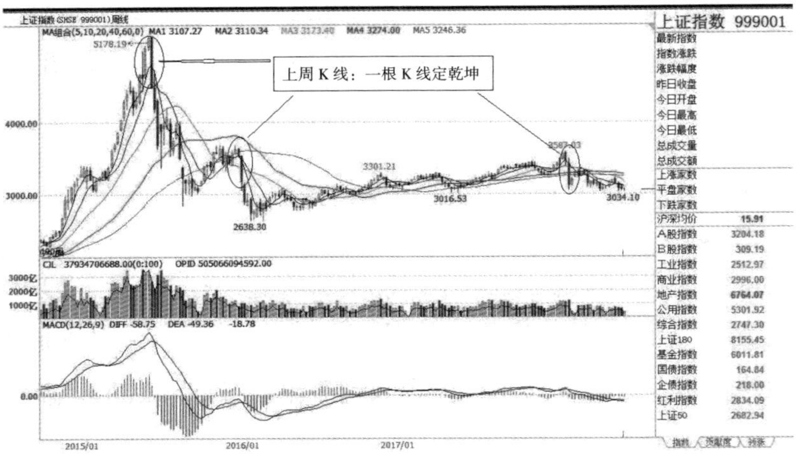


一分钟有多重要

比尔·威廉姆先生的《混沌操作法》，理论的根基是“事物的发展敏感依赖初始条件”，那么，我们应该通过寻找图表、股价的初始条件，然后推演趋势的运行发展。

上周K线：一根K线定乾坤

做的周期越短，影响他的因素就越少。若是做超短线，一分钟代表趋势方向，切入点在更小的级别。若是做大级别的交易者，一分钟也是以最迅速的反映当下所有的情况，市场发生了什么，切入点机会出现否，等等，一分钟的重要性不言而喻。就如秋天来了，看一个落叶就能分辨出，喝一口汤就知道汤的味道，而不是全喝完才知道味道一样，道理就是这么简单。

如：沪深 300 指数一分钟的趋势管 8 个交易日

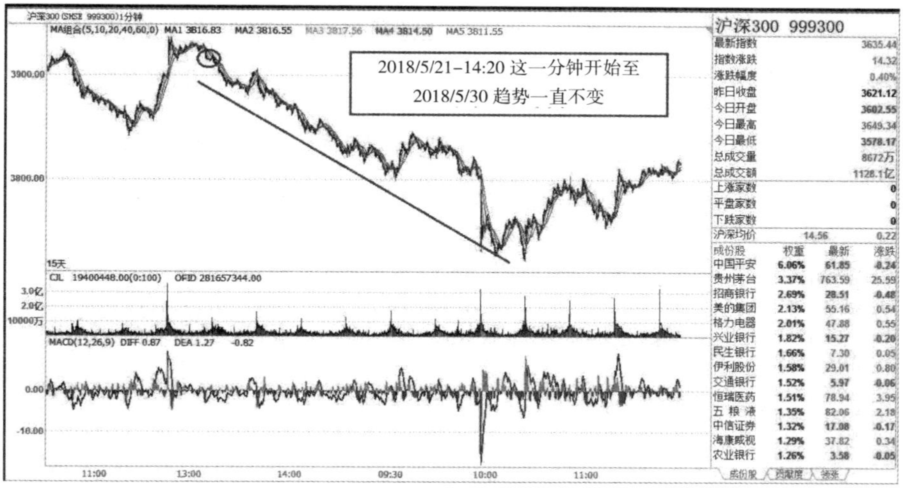


2018 年 5 月 21 日 14:20 开始，一分钟趋势直到 5 月 30 日。一共八个交易日。

又如：沪深 300 指数一分钟的趋势管 93 个交易日：

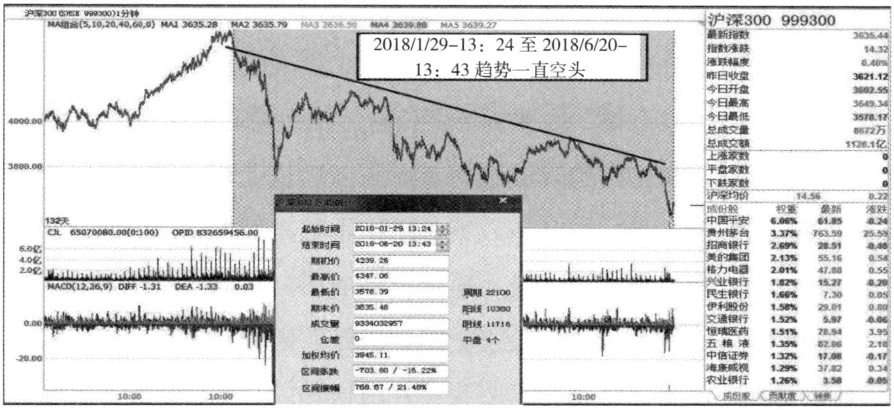


2018 年 1 月 29 日 13:24 分钟至 2018 年 6 月 20 日 13：43 分钟，趋势一直为空头。整整 22100 个一分钟，共 93 个交易日。

## 债券与利率的关系对市场的影响

格雷厄姆写的《聪明的投资者》中说到“利率上升，债券价格就会下降，利率下降，债券价格就会上升”，他又说“债券的票面利率上升，债券价格也上升，债券的票面利率下降，债券价格也下降”。可见利率分两种，一个是债券的票面利率，另一种是市场利率。

债券的票面利率越高，卖的价格越贵，因为获得的利息收入高，总结一下就是，同等条件下，债券的票面利率越高，债券的价格越高，二者呈同向变化。

债券的价格跟市场利率呈反向变化：

①利率越高，债券价格越低，市场利率与债券的市场价格呈反向变动关系。

②当利率上升时，人们对未来的预期较好，期待得到更高的利息收入，从而更加青睐于短期债券的投资，即商业银行会得到更多的投资，更多的收益。

③当利率上升到一定程度时，货币供应量不能满足社会发展的需要，央行就会扩大银根，增加货币供应量，从而使利率下调。

综上可见，加息是代表通胀的，通胀当然是引起商品上涨，是利多大宗商品期货市场的。利率政策是最根本的东西，是所有市场的风向标，它的变化先传导到商品，再传导到股市。我们经常看到银行间的拆借利率一下子飙高时，股市紧跟着下跌，因为资金成本高了，尤其是短期利率高了，资金变得紧张，其他市场就自然往下了。只要把利率看懂了，其他市场都会做对的。

下图：2018 年 4 月 16 日，10 年期国债从 2016 年 11 月一年多来第一次突破 200 日均线，国债发展趋势明摆着是向上。大宗指数、上证指数的步调也相应的紧随。

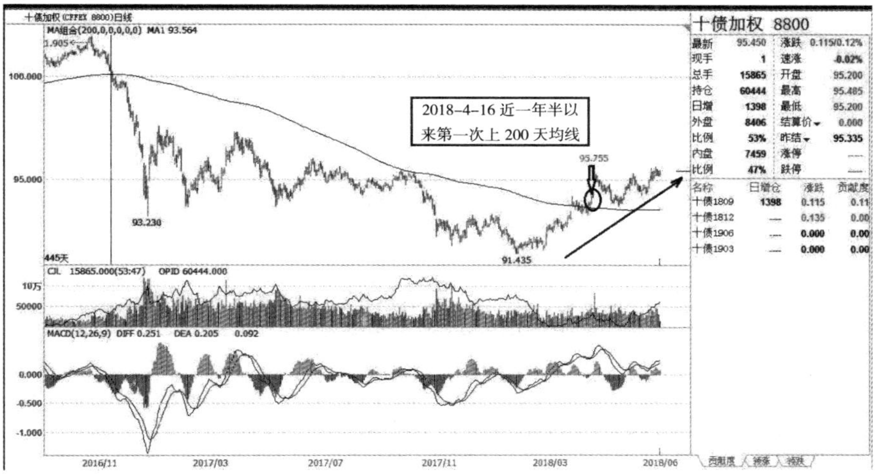


大宗商品指数 2018-4-16 趋势图如下：

上证指数 2018-4-16 趋势图如下：

### 农产品爆发式行情往往发生在收获季

农产品一年一季，价格再高，产量也不会增加了，不像工业品，价格能随时调节产量，因此才出现“蒜你狠”。试想，如果口粮减产，危及生命，虽然就缺一点，理论上价格会涨上天，谁也不想饿死，这就是农产品的特点。

有关苹果：

苹果期货竟成为了期货市场最大的明星。作为全球首个鲜果期货品种，2017 年底上市的苹果期货近期一路飙涨，涨势已经达到令人叹为观止的地步。不输给当年的橡胶、铜和双焦、最近 4 月以来的螺纹钢。

就如这次苹果期货，苹果上市之初就遇到大行情，有了大成交量，高价格，期货的引导作用立马显现，而且流动性还好，这是中国果农的幸运，珍惜这次机会，呵护苹果期货，让中国苹果定价全球，惠及中国果农。

有关豆粕：

由于豆粕每年会受季节性影响，出现春播、夏长、秋收、冬藏这样的过程。所谓春播，就是关注播种季节的面积、播种情况以及出苗率。豆粕的主要的上涨行情在夏季，大概能出现10%～15%的大涨，有时甚至能达到45%的涨幅，三季度时行情见顶，然后出现5%～20%左右的跌幅，在四季度时多半震荡行情涨跌互现。

如果再去细分的话，则是从春节前会有一个备货过程，从而形成一个春节小高点；然后进入三四月份，北美大豆进入中国，同时南美大豆到了收获季节，这些因素使得价格会在三四月份期间达到一个价格低点；紧接着，从四月份开始会逐渐走高，形成一个消费高点，大约在七八月份形成；八月份以后到九月份开始，一直到十一之前，又会形成一个收割性低点；紧接着十月份后又会形成一个销售高点，大约会在十二月中旬时结束；接着会盘整直到再次进入来年的春节前的备货行情。大致就是这样一个循环的过程。

在大豆没收获的时候，一切都是未知的。也许下一场雨、也许刮一场风，这些都会对大豆最终的产量产生影响。如果收获季节雨量增多，导致收获时间延迟，无法收割，就像去年年初阿根廷的大豆一样，大豆在地里被水泡个三五天，最终导致大豆发芽，从而影响大豆的实际产量，这些都是有可能的。

## 交易系统是一个相对简单的事

交易理念决定了你用什么样的依据去做单。

比如，做趋势交易的，用均线、趋势线、形态，这些工具都可以用来判断趋势；做震荡的，矩形、三角形、楔形，这些都可以用来判断震荡。只要把形态弄明白了，就不是很困难了。

在固定的系统信号还没有变得特别明了之时，你不需要特别复杂的资金管理策略，而用每次开仓5%，别看这么简单，可是越简单的东西越少有人能做到。风险控制也无需特别复杂，如果你不知道什么时候该止损，你就用最简单的固定金额止损法，每次亏损1%时止损就可以了，如果你觉得1%太窄，那就2%。

所以，交易系统是一个相对简单的事，交易中神秘的东西不多，但因为行情是动态的，所以变化很多。当你成为一个高手的时候，你会有能力随着市场节奏的变化来变化你的系统，出神入化；当你还是一个新手的时候，你应该让它越简单越好，不要乱做。

## 如何选择高胜率入场点

投资以技术分析为主，采用大周期（月线、周线）定性，识别品种的大方向，以日线级别为操作周期，日线突破为入场时机的交易策略。高胜率进场点：市场所有品种正处于同涨或者同跌朝着一个方向运行，当品种出现向上或向下突破信号时就是一个好的入场点。

另一种情况，各周期信号产生共振时，如在多头行情里，大周期呈现多头行情，小周期调整到支撑位入场做多；或者空头行情里，大周期呈现空头行情，小周期反弹到压力位入场做空，这些入场时机是相对安全边际较高的进场点。

日内短线的交易策略

①不看基本面，不听不闻，就是听了看了也当作没看。技术面是最好的语言，已经把基本面准确反映出来了，所以已经没必要去看基本面了。

②技术图表只看均线，所有指标和副图统统都删除掉。所有其他的指标都是衍生品，价格才是硬道理。

③只做一两个品种，比如做胶铜为主，当这两个没行情时才做豆油，除了这三个不做别的。

④日内为主，隔夜为辅，均以满仓操作为主。日内必满仓，开仓平仓稍多。隔夜比较谨慎，看不清不做，看清就满仓，持仓一般为一两天见好就收。

⑤同一时间最好专心做一个品种。备上三台电脑，同时开三个品种，看中了其中一个后专心做一个。

⑥日内操作，心态至关重要。要做到平静、冷静，去除所有杂念，把输赢看淡，把对错看淡，才能保持最佳状态。

⑦日内操盘是隔夜持单的基础，有了日内的盘感，才能对隔夜走势做到“心中有数”。

⑧不能看消息来决定持单，包括看高手的建议，要根据自己判断来做。只有自己判断了，才能进步，否则靠外界的东西做对了也不代表下次还能对。

⑨眼光要放远，同时又要看近。一个是全局，一个是细节，都不

能放过。行情是由小变大的过程，一个正确的持单是从细微处开始的。

⑩止损是必要的，特别当你的技术还不成熟的时候，设置止损尤其重要。别以为自己技术都过关了，最美的鲜花永远开在最危险的地方。错了，就必须第一时间认输。

### 一个短线作手的作息时间参考

要求：周一到周五拒绝应酬，看盘期间手机关机，不关注与行情无关的任何事件。把每天的交易细分化，分为 4 个时段，任何时间段不留单子，不关注自己的盈亏表，只做正确的交易。

6:30 到 7:50 洗漱做早餐。

7:50 到 8:30 快走，爬楼梯。

8:30 到 9:00 复夜盘，制定上午交易思路。

9:00 到 10:15 严格执行交易计划。

10:15 到 10:30 吃水果，卷腹 60 次。

10:30 到 11:30 执行交易计划。

11:30 到 12:00 平板支撑、吃饭。

12:00 到 12:30 饭后散步晒太阳。

12:30 到 13:00 午休。

13:00 到 13:30 复上午盘，看书。

13:30 到 15:00 执行交易计划。

15:00 到 15:30 冥想，思考交易得失。

15:30 到 16:30 总结学习。

16:30 到 18:30 快走及家人交流休息时间。

18:30 到 20:30 游泳或者学习。

20:30 到 23:00 不受干扰的夜盘交易。

周末多看书，多陪家人，多学习，培养自己的兴趣爱好！

## 大作手交易短线及波段的 14 大习惯

①原则上不做隔夜单。

②只抓住把握大的机会。

③发现不对及时离场。

④早盘尾盘一般不做。

⑤连续交易不顺，马上停顿一下。

⑥绝不追涨杀跌。

⑦喜欢突破后的回抽时入场。

⑧喜欢收敛后的爆发时入场。

⑨喜欢以固定手数交易一种品种。

⑩喜欢标准通道中顺势做。

⑪熟练的技术无限重复的使用。

⑫快速行情只做一个方向，慢盘来回做。

⑬接近涨停不做空，接近跌停不做多。

⑭谨慎操作正在换月的品种。

## 短线作手交易四部曲：资金管理 + 策略模型 + 心态控制 + 风险控制

学会等待。宁可不做，也不能错，提高胜率，培养自己的耐心。

固定铁矿、热卷、甲醇三个波动大品种为主操作对象。固定品种，拒绝诱惑！交易也仅限于日内交易。任何时间段休息都不留单子。进场时制定止盈止损位，根据行情发展调整。精力相对比较集中，可同时操作两个品种。

短线交易必须快，不能拖泥带水。不犹豫、不退缩。行情一旦出现就进场。行情一旦走坏，不幻想，出局观望，等下一次机会。切记是第一时间原则。

时间框架和策略模块以日线、15 分钟线为参考；日内交易以 3 分钟线和均线为依托；以 1 分钟线寻找进出场点。

关注几个品种的联动性、小共振，但不可以此为进出场依据，每个品种都是独立的。

符合进场条件就第一时间进场，随后止损止盈位同时进场。如果被秒杀就等下一次机会。切忌止损后反手操作，再进场跟这一次没关系。平仓要求行情走坏了或者感觉不舒服了就主动止损。趋势明显逐步减仓，直至收盘前平仓。绝对不能让盈利的单子变成亏损，止损位逐步上调。

进场时一次建仓，不加仓，逐步减仓。亏损不加仓，杜绝平摊成本，杜绝计划外随机交易，固定资金交易，盈利就出金，账户上保持一定的资金。直至满足加仓手数的条件，逐步增加交易规模。

心态控制上不骄不躁不傲！少说多做、止语、慎独、自律、自信、自强、修身养性；情绪不稳定时休息、看书、运动、冥想、拒绝交易；有杂事缠身时拒绝交易；酒后拒绝交易；拒绝手机下单；拒绝交易时离场，把短线做成了长线；拒绝鸵鸟型交易。不做冲动型交易，坦然面对每天的得失，不怕错，每次错误都要总结提炼完善，不追求过于完美和确定性，每天连续亏损4次停止交易30分钟，每周连续出现3天违反操作纪律重大失误，停做反思1个交易日。每天亏损额达到资金的5%，减少交易手数，亏损额继续扩大到8%，当天停止交易。

强弩之末不能小觑

有个经验屡试不爽，对于一个现货高升水盘面的东西近月不要去做空，现货高贴水的东西近月不要去做多。因为一直谨记这句教诲，所以这些年过来，近月上很少吃大亏，容易吃大亏的都在故事多的远月。

换手率的高低意味着什么

①股票的换手率越高，意味着该只股票的交投越活跃，人们购买该只股票的意愿越高，属于热门股；反之，股票的换手率越低，则表明该只股票少人关注，属于冷门股。

②换手率高一般意味着股票流通性好，进出市场比较容易，不会出现想买买不到、想卖卖不出的现象，具有较强的变现能力。然而值得注意的是，换手率较高的股票，往往也是短线资金追逐的对象，投机性较强，股价起伏较大，风险也相对较大。

③将换手率与股价走势相结合，可以对未来的股价做出一定的预测和判断。某只股票的换手率突然上升，成交量放大，可能意味着有投资者在大量买进，股价可能会随之上扬。如果某只股票持续上涨了

一个时期后，换手率又迅速上升，则可能意味着一些获利者要套现，股价可能会下跌。

## 均线是行情的机关

均线是非常好用的指标，对任何标的都有用，你不会用或没赚到钱是不知道如何调整他的参数，虽然乍一看每个标的的波动是没有规律的，但从长期看确是有规律的，参数合适的均线就能反映这样的规律。

下图是伊利股份周 K 线走势图，均线为 181 周均线，从 2009 年 9 月 11 日这周站上 181 周均线，就一直上涨，到 2017 年 6 月底，股价涨了近 20 多倍。

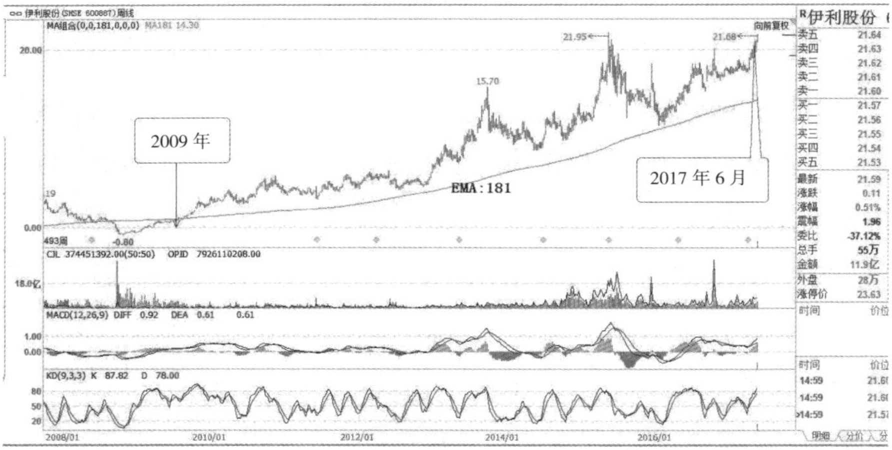


你拿任何一根均线，5 天、10 天、20 天、30 天、55 天、60 天、90 天、125 天、255 天、360 天、500 天等都可以挣钱。其中，重视 5 天、60 天配合使用。看 1 分钟 K 线的，对应的心态是小鸡叨米式，集腋成裘，积少成多即抢帽子交易法；看月线、年线对应心态是放长线钓大鱼；日、周、月 K 线用 500 天均线以上的，就是熊心豹子胆的心态式的。根据各自的心性，行各自的命运。在行情运行的时候，用均线跟踪挺好。在行情酝酿的时候，均线也是无效的。

开仓、止损和止盈与众不同

别人止损的时候我们要开仓，别人加仓的时候我们要止盈，能掌握好这个要点，你就是大赢家，你的步调和大众不同，是反人性的，程序化交易就是没有人性的，这就是盈利哲学思维模式。就如巴菲特的“别人贪婪的时候我恐惧，别人恐惧的时候我贪婪”是一样的。

每次在 K 线走势靠近趋势线上时加仓

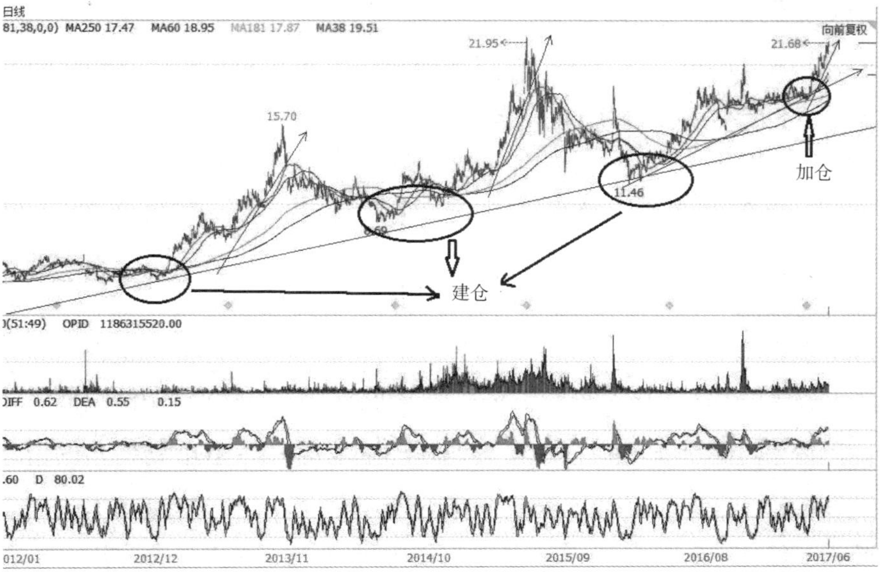

如上图，当股价跌到趋势线上时，画圈的部位建仓，别人要止损，这时，我们要建仓，如果建仓后跌破趋势线，这时根据自己的亏损承受能力下设止损。当股价突破箱体形态整理平台时，此时加仓，如上图，最右侧画圈处为加仓点。

### 时间的敏感期

拿破仑说，决定胜利往往都在最后5分钟。成败在最后几分钟！换句话说，要知道每次行情需花费多长时间才能达到目标价位。市场在一个方向中波动的时间越长，在波动的最后阶段买入或卖出的速度要更快。多数情况下，一次大行情的重要部分就出现在它最后的两天之内。大家无疑都希望自己在那时仍在市场中。

尽管我们说要对时间敏感，但也要对市场进行一次长线波动之后的成交量保持密切关注。成交量往往在波动即将结束之时比正常成交量大，因为这是“派发区”，掌握内情的人正在向那些因新闻发布而陷入慌乱的公众卸载他们的头寸。

### 白酒行业利空的启示

反腐风暴及塑化剂事件曾经对白酒行业冲击很大。2013年底，茅台净利润几乎零增长，跌停，最低市盈率跌到了9.55倍，这个估值对应一家常年ROE30%+的公司显然是很可笑的。净利润增长停滞而已，没有倒退，更没有亏损，茅台公司依然非常赚钱。但市场传达的情绪好像茅台要破产了一样。到后来茅台翻身涨了十倍，反腐和塑化剂事件时，茅台只值50元之类的声音已经消失无踪了。

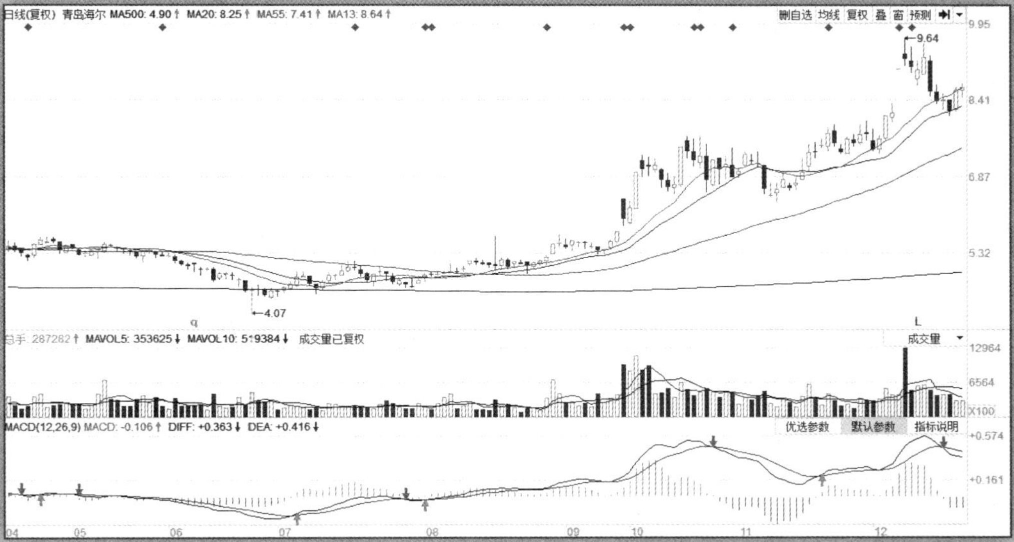

日线(复权) 青岛海尔 MA500: 4.90↑ MA20: 8.25↑ MA55: 7.41↑ MA13: 8.64↑
删自选 均线 复权 叠 窗 预测
9.95
9.64
8.41
6.87
5.32
4.07
总手 287282↑ MAVOL5: 353625↓ MAVOL10: 519384↓ 成交量已复权
成交量
12964
6564
X100
MACD(12,26,9) MACD: -0.106↑ DIFF: +0.363↓ DEA: +0.416↓
优选参数 默认参数 指标说明
+0.574
+0.161
04
05
06
07
08
09
10
11
12


9

# 投资盈利密码——心态篇

### 投资受情绪的显著影响

有一个实验，下雨天宾馆服务员得到小费的概率是 18.8%，天气多云时是 24.4%，天气晴朗的时候是 29.4%，这告诉我们在谈重要的事情时比如收款尽量不要在雨天，天气是会影响人的情绪的。有关天气和股票的表现发现，在纽约上空云量比较少，太阳比较晴朗的时候，纽交所在那天的表现会好一些，晴天比坏天的股票表现高出 15%，伦敦是 22.1%，巴黎是 19.7%，悉尼是 33.5%，考察的 26 个股票市场的均值是 24.5%，这种天气对投资的影响只能归结为人的情绪在不同的天气状况下不一样，进而就影响了投资决策。

人们的投资决策并非都是通过理性思考做出的选择，更多的时候不过是凭直觉走心的结果，由于投资活动不是一个人的事情，而是一群人共同参与的行为，在投资中不仅要了解自己的内心，学会理性和审慎，更要了解其他人如何思考，因为大多数人的选择才是影响投资结果的关键。

### 投资家邓普顿对市场情绪判断的概括

市场情绪对大盘的影响，总结得最精辟就是著名投资家邓普顿的名言：“牛市在悲观中诞生，在怀疑中成长，在乐观中成熟，在兴奋中死亡。”从悲观、怀疑、乐观到兴奋，A 股的时间周期大概是五年左右。

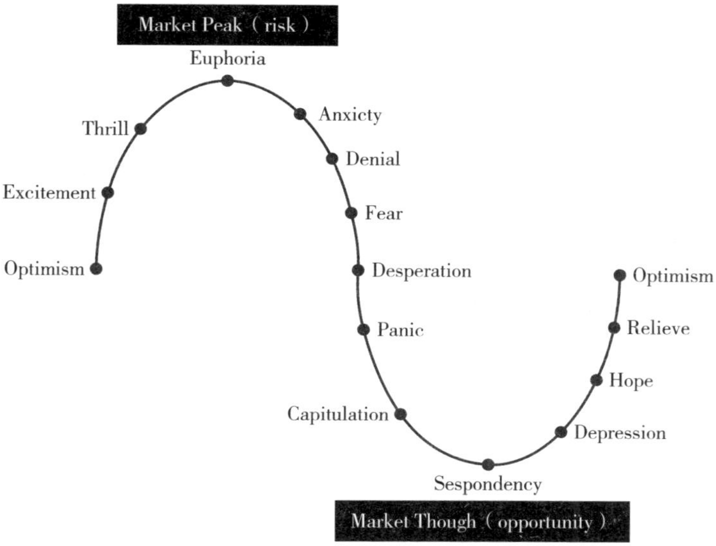


别让交易毁掉你的生活

投资可能是一种生活方式，做一点投资，你就可以从另一个角度理解这个世界的广阔，从另一个角度理解人生的精彩，从另一个角度了解你自己的斤两。资本投资，与其说是技术，不如说是艺术；与其说是赌博，不如说是拼搏；与其说是做盘，不如说是做人。每一张单都透射出人性的色彩。交易是生活的一部分，别让交易毁掉你的生活。交易是手段不是目的。这世界许许多多的人在寻求目标的过程中，迷失在为到达目标而使用的手段上，以至于最后忘记了目的。想必大家不愿意这样做。

## 交易员的核心价值

独立和自由，脑袋不要绑在别人的裤腰带上。不能道听途说，自己心中要有数。

## 程序化交易平衡心态

程序化交易所采用的策略，大致分为两种：突破顺势追击和区间振荡式操作（逆势交易）。程序化交易成功的基础是有良好的策略，只有将良好的策略转化为机器语言，才是成功的程序化交易。

而良好的策略必须先经过历史数据的模拟测试，最后还要能通过一定时间的实盘验证。而滑点、回撤、开平仓速度等，在测试过程中则需要重点关注。此外，经过模拟验证后投入到实盘中的程序化策略还必须定期进行检验和重新评估，若有问题必须重新修正，然后再重新投入使用。

期货这么多合约，这么多品种，我们具体做哪个，不做哪个，在交易品种的选择上遵循一个原则。选择最容易的行情、把握最简单的机会，哪个图形最好看的，哪个形态最漂亮就做哪个。具体的交易系统可以参考海龟交易系统，简单地说就是我们在做具体交易的时候是人机结合，首先我们有主观择时的机制，我们选择的是机会而不是信号，但执行的时候我们用计算机去执行，这就能克服人性的弱点同时减轻夜盘的压力。

需要记住的宗旨是：程序化交易不是电脑自己交易，人的作用至关重要。

### 期货交易好心态是分散风险

通常多用人工程序化操作，以多策略、多品种、多周期组合的方式是最常用的分散风险的交易方式，在这个金融市场上唯一的“免费午餐”就是多策略、多品种、多周期的组合。

比如，用一个简单的交易策略去做10个品种或者更多，出来的效果绝对比做一个品种要好。给多策略、多品种、多周期排个序分别是：一是多品种是最重要的，第二个是多策略，第三个是多周期。其中互补性的体现，多品种会强一些，其它的会慢慢变弱。还有一个优点，组合中，10个策略的总盈利是相加的，但是最大回撤绝对不是相加而是相互抵消。这就是在做组合上的最大优势，一个方面亏损的时候，另外一个方面可能在赚钱，因此它能极大地平滑资金曲线。

基于这样的组合思路，将趋势流畅、成交活跃的几个品种策略做了组合，并且各个策略之间周期也有所不同，这样做到了多策略、多品种、多周期的组合。

### 市场多空暗藏交易密码

股谚说得好：“空头不死，多势不止。”“多头不死，跌势不止。”用开灯和关灯来做个比喻：一个房间开灯人慢慢多起来，最后全都开灯了，这时就有人觉得赚够了，该关灯了，于是越来越多人开始关灯，最后就全黑了。这一波行情就结束了。你懂了开关，就懂了多空；懂了多空，就懂了趋势；懂了趋势就不会逆势，也不会傻傻迷信它。当你持有某股并盈利丰厚时，其实是个危险的空头，因为你对该期货的贡献最多就是维持现状，已经无力或无意再高位追入。而你对潜在空头却能做出最大的帮助，光获利平仓就代表沉重的卖压，更别说可能还有做空了。

### 预期的市场心理作用

炒股就是炒预期，比如冬季（空头），什么都是冷的，即使把火烧得旺旺的，屋里冷空气汲取了，墙壁汲取了，等到身体最后汲取已经暖意不足。所以空头市场中的反弹来得很不容易，很好利多政策，如果缺乏持续性，只是暖了空气；而要让市场真正地感受暖意，往往需要持续加温很长时间。其间每一次加温的停顿，都会让市场寒意彻骨。夏天（多头）也是如此，即使也有倒春寒，但挡不住夏天炎热的脚步。

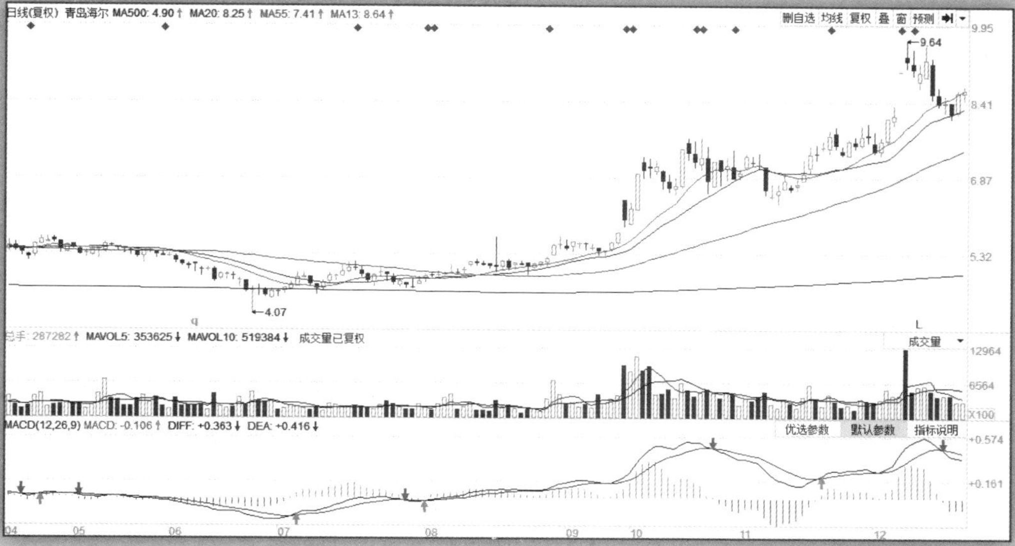
日线(复权) 青岛海尔 MA500: 4.90↑ MA20: 8.25↑ MA55: 7.41↑ MA13: 8.64↑
删自选 均线 复权 叠 窗 预测
9.95
9.64
8.41
6.87
5.32
4.07
总手: 287282↑ MAVOL5: 353625↓ MAVOL10: 519384↓ 成交量已复权
成交量
12964
6564
X100
MACD(12,26,9) MACD: -0.106↑ DIFF: +0.363↓ DEA: +0.416↓
优选参数 默认参数 指标说明
+0.574
+0.161
04
05
06
07
08
09
10
11
12

# 附录

# 市场中的不可抗力

## 乌龙指事件 K 线图的形态

中国股市最著名的“乌龙指”要数光大证券乌龙指事件。2013 年 8 月 16 日，天量资金瞬间杀入中国股市，沪指直线飙升 100 点，石化双雄和银行等众多权重股均现大单成交，中国股市暴涨，期货市场暴跌，59 只权重股瞬间封涨停，无数跟风追涨的机构、股民及重仓该股的基金纷纷“躺枪”，成千上万的投资者蒙受巨大损失。

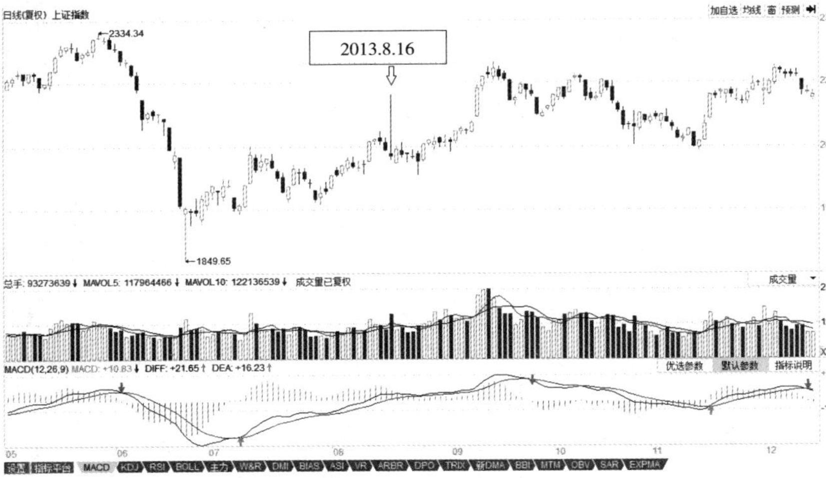


上证指数在 2013 年 8 月 16 日走势图

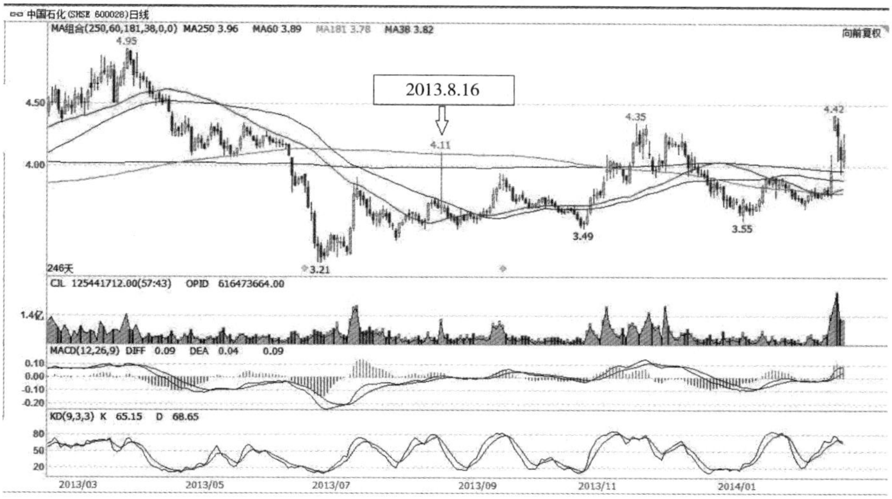


中国石化于 **2013.8.16** 的走势图

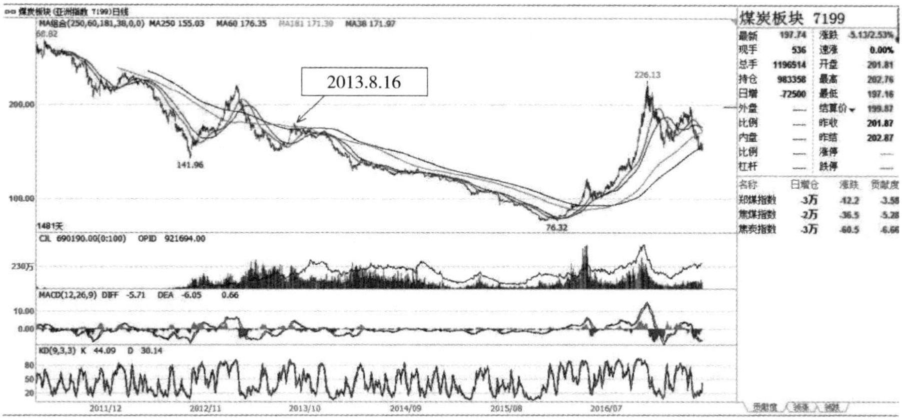


煤炭板块于 **2013.8.16** 的走势图

海亮教育乌龙指的股价表现

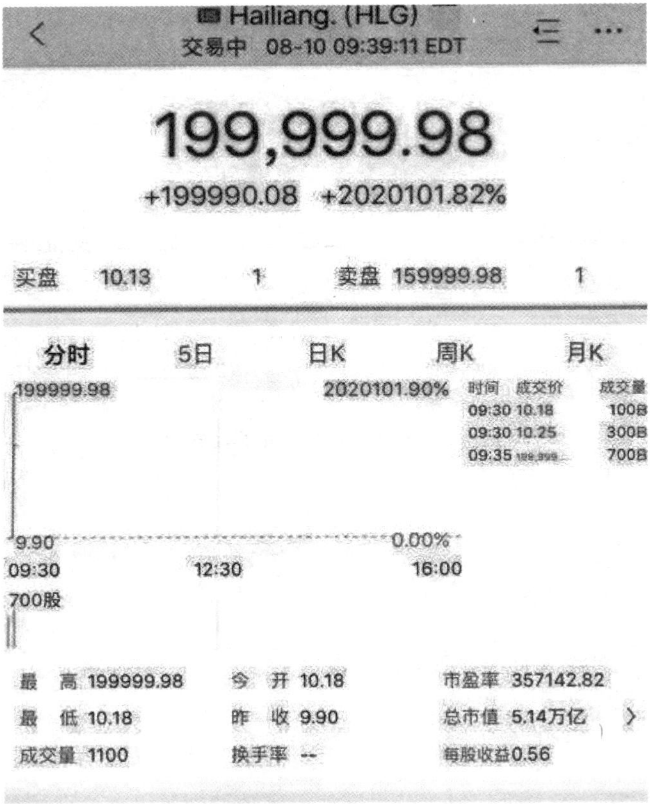


在中概股市场，海亮教育的股价表现并不算十分出彩，海亮教育在美股上市一年来成交并不活跃，换手率一度每天只有 0.001%。此前的历史最高价为 12.499 美元，市值也只有 2.64 亿美元。

美国当地时间 2017 年 8 月 10 日 9 时 35 分，神奇的一幕出现了。海亮教育随着一笔 700 股的单子成交，海亮教育股价飙升到 199999.99 美元，涨幅为 2020101.92%，也就是说超过了 2 万倍。

海亮教育股价的暴涨无疑也让老板冯海良的身家暴增。凭借5.4万亿美元的市值，海亮教育的实际控制人持股92.8%，身价5万亿美元，是比尔·盖茨的50倍，妥妥地成为世界首富，虽然时间只有8分钟，但也足以创造历史。

青岛海尔乌龙指的股价表现

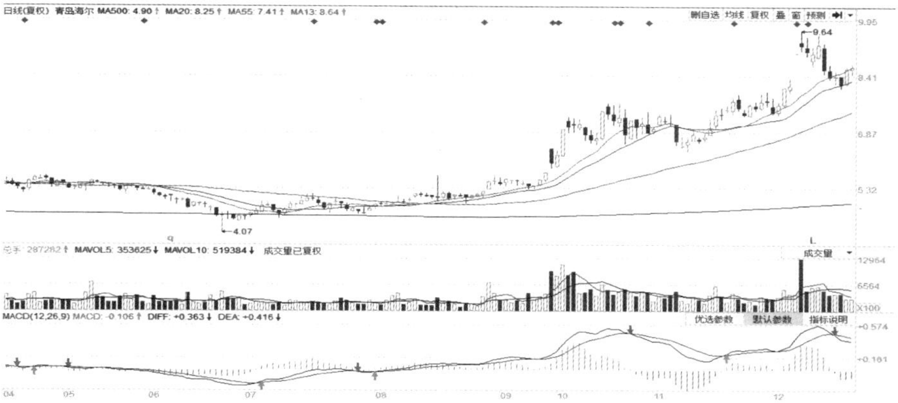


海尔认沽现“乌龙指”股民820元变成56万元。2007年3月8日，南京一股民以1厘钱的价格买到收盘价近0.70元的海尔认沽权证，资金瞬间从820元变56万元，一天炒出了700倍的收益！

道琼斯工业指数于2010.5.6的走势图

美国交易员“乌龙指”致道琼斯瞬间暴跌千点，2010年5月6日下午2时47分左右，美国一名交易员在卖出股票时敲错了一个字母，将百万误打成十亿，导致道琼斯指数瞬间出现千点的暴跌。

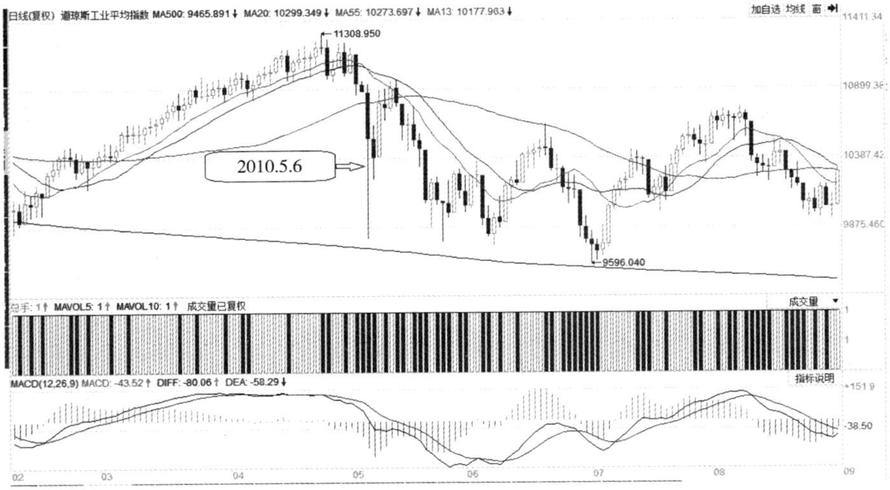
日线(复权) 道琼斯工业平均指数 MA500: 9465.891↓ MA20: 10299.349↓ MA55: 10273.697↓ MA13: 10177.963↓
11308.950
2010.5.6
9596.040
总手: 1↑ MAVOL5: 1↑ MAVOL10: 1↑ 成交量已复权
成交量
MACD(12,26,9) MACD: -43.52↑ DIFF: -80.06↑ DEA: -58.29↓
指标说明
11411.34
10899.38
10387.42
9875.460
+151.9
-38.50
02
03
04
05
06
07
08
09